岩波現代文庫／学術 355

ニーチェかく語りき

三島憲一

岩波書店

ニーチェと深く関わった思想家や文学者や芸術家を手引きにして、ニーチェの言葉を選んでみたのが本書である。さらには、そうしたニーチェの言葉を逆手引きにして当該の思想家や文学者や芸術家に光をあてることも試みた。思想家や文学者の知的位置づけや内容の解説とともに、ニーチェの文章が大量に引かれている。目的はニーチェの実にさまざまな読まれ方を提示することである。読者の方々には、筆者の解説が役立てば幸いであるが、それよりも、ニーチェの文章をできるだけゆっくり分析しながら読んでいただきたい。引用は、単発的で巧みな短い文章よりも、長めのものが多いが、思想である以上、仕方ない。

章によってはニーチェのテクストが多く、解説が多くなった。ことがらの性質上、そうしたばらつきはやむをえなかった。特に第四章にはバタイユ自身が選んだニーチェの言葉があるだけに。

各章は、それぞれ読み切りスタイルなので、どの章から読み始めていただいても構わない。できたら、普段の自分の関心分野以外の章から読み出していただくと、これまでと違ったニーチェ、特に知的天邪鬼《あまのじゃく》、文化的反逆児のニーチェに会えるかもしれない。

今回の仕事のモットーとなったのは、ニーチェの影響を強く受けた世代でありながら、早くにその呪縛圏を脱出したヴァルター・ベンヤミンの次の言葉である。

「作品の生命圏、作用圏(Lebens-und Wirkungskreis)は、その成立の歴史と同じ権利で、いやそれどころか特にそれと並ぶ重みを持って扱われてしかるべきである。生命圏、作用圏とは、作品の運命、同時代者によるその受容、その翻訳、その名声のことである。それによって作品はその内面においてひとつのミクロコスモスに、あるいはむしろ、ひとつのミクロアイオーン〔ミクロの永劫〕へと形成される。というのも重要なことは、特定の文学世界の作品をそれが属する時代の連関において描き出すことではなく、それが成立した時代のなかに、それを認識する時代を――つまりわれわれの時代を――描き出すことだからである。それによって文学は歴史のオルガノン〔基礎、方法、手段〕となる」(Benjamin, Walter, Literaturgeschichte und Literaturwissenschaft. In:Benjamin, Walter, *Gesammelte Schriften*, Bd. 3., Frankfurt, 1972. ドイツ語版『ベンヤミン全集』第三巻、二九〇ページ)

これ以上に、本書の意図をよく表した文章を私は知らない。

以下に本書での引用のシステムについて凡例を記す。

一、生前に刊行されたか、出版を想定して完成していたニーチェの主要著作リスト（このリストには本書に引かれていない作品もある）。

『悲劇の誕生』（一八七二年）
『反時代的考察』（一八七三―七六年）第一論文「信仰者にして著述家としてのダーフィット・フリードリヒ・シュトラウス」、第二論文「生に対する歴史の利害」、第三論文「教育者としてのショーペンハウアー」、第四論文「バイロイトにおけるリヒャルト・ヴァグナー」
『人間的な、あまりに人間的な』第一部（一八七八年）
同第二部　第一編『さまざまな意見と箴言』（一八七九年）、第二編『漂泊者とその影』（一八八〇年）
『曙光』（一八八一年）
『喜ばしき知識』（一八八二年）
『ツァラトゥストラはこう言った』（一八八三―八五年）
『善悪の彼岸』（一八八六年）
『道徳の系譜学』（一八八七年）

『ヴァグナーの場合』（一八八八年）
『この人を見よ』（一八八八年）
『ニーチェ対ヴァグナー』（一八八八年）
『偶像の黄昏』（一八八九年）
『ディオニュソス・ディテュランボス』（一八九一年）
『反キリスト者』（一八九五年）

なお、これら以外に遺稿からも引用した。そのなかで以下の三つは「遺稿」とせずに、タイトルを挙げて引く慣行にならった。

「われわれの教養施設の将来について」
「われら文献学者」
「道徳外の意味における真理と虚偽について」

二、ニーチェ、ハイデガーおよびフーコーについては、個別作品が明記されていない場合には、以下の全集ないし著作集を使用し、ニーチェの場合は「遺稿」と記し、それ以外の著作家の場合はタイトルを記したのちに、それぞれ巻数とページ数を記した。

Nietzsche, Friedrich Wilhelm, *Kritische Studienausgabe*, herausgegeben von Giorgio Colli und Mazzino Montinari, 15 Bde., Berlin, 1980.
Heidegger, Martin, *Gesamtausgabe*, angelegt auf 102 Bde., Frankfurt, seit 1975.

Foucault, Michel, *Dits et Ecrits*, *Schriften*, 4 Bde., Frankfurt, 2001 bis 2005.

三、一と二以外の引用については当該箇所の注によって参照可能である。

四、長い引用にはニーチェおよびニーチェ以外の著作家のものも適宜段落をつけた。

五、アフォリズムなどの引用で、スペースの関係上中略する場合は、大体において「である」「とはいえ、人類は」といったように、二つ以上の引用かぎで切ってあるが、これは、「中略」の意味と思っていただきたい。また一つの長い文章の途中を、コンテクスト上不要と思って省略した場合は「……」にした場合もある(例えば、四六ページ)。

六、引用文中の(　)は原注、〔　〕は訳注である。

七、引用文中の傍点は、特記しない限り、原文で強調されている個所である。

八、『ツァラトゥストラはこう言った』(氷上英廣訳、岩波文庫、全二冊、一九六七・七〇年、『ツァラトゥストラ』と略記)以外のテクストは、ニーチェのものも、それ以外の著作家のものも、特に明記していない場合は、原則として著者三島が訳した。既訳も参考にさせていただいた。また、そのまま使わせていただいた場合もある。各訳者にはお断りとお礼を申し上げたい。

目　次

第一章　イサドラ・ダンカンのニーチェ

「ニーチェは最初の舞踊哲学者である」(1)
――イサドラ・ダンカン

第一節　アメリカから来た舞踏家

イサドラ・ダンカン(一八七七―一九二七年)という、アメリカ出身の舞踏家の名前は、それほど知られていないかもしれない。バレエ・ファンでなければ、ニジンスキーの方が有名だろう。しかし、ダンカンは十九世紀末から第一次世界大戦期にかけてヨーロッパで一世を風靡した舞踏家だった。トゥーシューズで無理なつま先歩きを披露する伝統的バレエの窮屈さを鼻で笑い、まったく新しい踊りのスタイルを確立した。

サンフランシスコ出身でニューヨークでデビューを試みたが失敗し、たどりついたロンドンでふとしたことから上流社会の目にとまり、公演の機会を得ると、たちまちスターにのし上がった。青い大きな幕を背景に、ギリシア風のゆるやかなチュニックを着て、バレエのようなトゥーシューズは履かずに、裸足で踊る彼女の優美な姿にロンドン中が酔った。彼女はまたたくまに、パリ、ベルリン、ミュンヘンとヨーロッパの主要な劇場の一流の観客をとりこにした。アドリア海のイストラ半島の保養地では、彼女に一目惚れしたオーストリアのフェルディナント大公がホテルの自室に招待するほどだった。彼女よりいいギャラをとるのは、不世出の女優エレオノラ・ドゥーゼだけと言われた。やがて、彼女はこのドゥーゼとも親密な交際をするようになる。

パリの有名評論家は、曲想に合わせて踊るダンカンの姿をこう描いた。「《ナルシス》では……白いチュニックを着ていたが、泉がそこにあるかのように身をかがめると、観客は清い水にナルシスの姿を見る印象を受ける。水の中に手を浸す身振りをすると、観客はその水の冷たさを感じる思いがする」(2)。自由で伸びやかな表現舞踏の誕生である。

その彼女が憧れ、かつインスピレーションを受けたのは、ロマン主義の詩人キーツが謳ったあの「ギリシアの壺」に描かれている古代ギリシア人の優美さ、そして彼らの踊りだった。メンデルスゾーンの「春の歌」やショパンのピアノ曲に想をえながら「テオクリトス風の牧歌」やホメロスの「デメーテルの讃歌」を踊るのである。家庭教育でこうした古典はそらんじていた。多くの観客はボッティチェリの絵画「春」を思い出したといわれている。

しかし、彼女が情熱を燃やしたのは、なによりもバッカス(ディオニュソス)の巫女たちの踊りである。「彼女は花を、小鳥の戯れを表現する。ダンカン嬢は伝統的ステップを一歩たりとも踏まない。彼女の踊りはいやおうなしに古代ギリシャを想起させる。彼女の目指すのは予見されうる動きを徹底して排除し、舞踊の根源を自然と古代文化に学ぶことである(3)」。

彼女にとって踊りは宗教、そう、ギリシア回帰という宗教、いってみれば芸術の宗教化だった。彼女はインタビューにこう答えている。「お金持ちになったら、イタリアのパエストゥムの古代ギリシャの神殿を再建し、そこに無垢な少女たちを住まわせ、舞踊学校を開きます。わたしの踊りの生徒はわたしと同様に、踊り以外のあらゆる欲望を捨てた少女たちとします。踊りは信者を持つべき宗教なのです(4)」。パエストゥムの神殿は、芸術史家ヴィンケルマンやゲーテが訪れ、近代ヨーロッパにおけるギリシア崇拝の源泉だった。

第二節　ダンカンの見たニーチェのギリシア

このイサドラ・ダンカンにとって表現舞踏の霊感の泉となったのが、ニーチェのテクストである。いや、ニーチェが描いたギリシアであった。自分の舞踏の哲学について彼女は書いている。「三人の有名な巨匠、現代の三人の舞踊の先覚者、ベートーヴェン、ニーチェ、ワーグナーに接したのであった。ベートーヴェンは堂々たるリズムの中に舞踊を創造し、ワーグナーは彫刻的形式の中に、ニーチェは魂の中に舞踊を創造した。ことにニーチェは最初の舞踊哲学者である(5)」。

「バッカス舞踏の最も一般的な動きのひとつは、頭を後方へそらせたものである。この動きには、全身を捉えているバッカスの狂乱が、直感される。この身振りの根本となっているモティーフは、すべての自然の中に見いだされる。バッカスの動きの中で、動物は頭を後方へ曲げている。熱帯の夜、象たちはその頭を曲げ、犬は月に吠え、ライオンも、虎も同じである。これは普遍的なディオニュソス的うごきである。海の潮は嵐の時にこれと同じ線を描き、暴風雨のときの樹木もまた同じである(6)」

沸き立ち狂い騒ぐ自然、月夜の快楽と恐怖にうごめく獣たち、喜びに身を悶えてのけぞるバッカスの巫女の女体——一が他に流れ込み、他が一に変化する、その生命の充満と崩落の交替がダンカンの踊りなのである。『悲劇の誕生』のニーチェのテーゼ、つまりギリシア悲劇は、筋書きや俳優の所作よりも、コロス(chorós, 古代ギリシアの合唱歌)が起源であるとするテーゼが繰り返される。

「私たちが立ち戻らなければならないのはギリシアである」「アイスキュロスの出現より何世紀も以前から、人々は踊った。人々はいっしょに踊って、集団的な歓びや、戦闘や、悲哀の情緒を表現した。コロスが発展したのは、人々の、この舞踊からであり、コロスは悲劇の真の始まりであった」「感情的緊張の最も激しい点に達すると、コロスは抒情的な高揚、永久的な、聖なる観点をもたらした。悲劇の最も深奥な魂とは、コロスが智恵であり、あるいは理性であり、歓喜であり、永遠に悲哀であったことである」(7)

一九一九年の「生徒たちへの手紙」でも、「《悲劇の誕生》」と《音楽の精神》が私のバイブルであることを忘れないでください」と書いている(8)。一九二七年、不慮の事故でなくなる直前には、「ニーチェは語った。〈踊りを一度も踊らなかった日を、われわれは空しかった日と考えよう!〉(9)。『ツァラトゥストラ』は、踊る存在における人間についての文章ですべて埋め尽くされている(10)」と書いている。

しかも、ギリシアには一度も旅しなかったニーチェと違ってダンカンは、一九〇二年から実際に母親や兄弟としばらくギリシアに住み、アテネのアクロポリスから数キロ離れた「ダンカンの丘」に舞踏学校を作る試みもしている。ギリシアの王様から金銭的援助を得る努力もした。結局はうまく行かず、最終的にはベルリンの高級住宅街グルーネヴァルト地区のシャルロッテンブルク街に、舞踏学校を作った。ろくに学校も出ていないダンカンだが、天性の才能か、フランス語、ドイツ語はあっという間にものにし、どれだけ理解したかは別に、当時哲学では世界的に必要だったドイツ語で、カントやショーペンハウアー、ヴァグナーやニーチェを読み、精神の純粋性と自然の生命性の融合を舞踏に夢見ていた。

ダンカンのこうした踊りと舞台作りは世紀末のいわゆるユーゲントシュティールの時代にぴたりと合っていた。そして、ニーチェはなによりも、ユーゲントシュティールの時代の先駆けだった。

ユーゲントシュティール、つまり、アール・ヌーヴォーの時代である。ドイツ語では「青春様式」、フランス語では「新芸術」とそれぞれ表現と意味合いは異なるが、ヨーロッパ全体に共通する新しい文化運動であり、生活改革運動だった。ニーチェは、同時代的に見れば、こうしたユーゲントシュティールの思想家だったのだ。『ツァラトゥストラ』の断続の多い文体とユーゲントシュティールの共通性を指摘したのはヴァルター・ベンヤミンだが(11)、このことは、日本ではその後、ハイデガーの影響下に「哲学的」ニーチェが注目されすぎたためか、あまり評価されていないのは残念だ。ニーチェこそはヨーロッパ形而上学をニヒリズムの歴史と看破した、とするハイデガー的な理解の影で、日本の哲学者は、世紀末文化の中にニーチェを位置づけることをさぼっていた。最初に本格的にニーチェを論じた和辻哲郎でも、そのあたりはまったく見ていない。

第三節　踊りと青春

ニーチェの文章はなんといっても、当時の大人の生活スタイルに対する青年の反抗を体現していた。「われわれは『ツァラトゥストラ』をすでに授業中に隠れて読んでいた。プロテスタントの宗教の時間に読むのがことのほかひそやかな喜びだった」(カール・レーヴィット[12])。宗教は古典語とならんで大人の秩序のかなめだった。そうした反抗文化は、ユーゲントシュティールのゆるやかな曲線、まさにダンカンの踊りが体現する曲線に表現されていた。曲線こそ生命だったのだ。また、ブルジョアジーの両親の家を出て、野や山に集団で出かける青年運動(Jugendbewegung)もその一環だった。そこでは、自然や宇宙との神秘的な交わりとエロスの崇拝とが一体化した、今から見れば滑稽な儀式もなされた。これにもニーチェは大きく寄与している。

少し背景にスペースを割きすぎた。踊りと青春についてのニーチェの言葉である。

「本のあいだに座って、本の刺激を受けてはじめて着想にいたる人々がいるが、われわれは、そうした人々には属さない。われわれのならわしは、自由な野原で考えること、歩きながら、飛び跳ねながら、道を上りながら、踊りながら、一番いいのは孤独な山の上で、海のすぐそばで、つまり、道そのものが沈思黙考するところで考えることである。本、人間、音楽の価値についてのわれわれの最初の問いはこうである。『あいつは歩けるか、いやそれ以上に、あいつは踊れるのか？』」「われわれは滅多に読まない。……だがそれゆえに質が悪くなっているわけではない」(『喜ばしき知識』三六六番)

「すべての重さが軽くなり、肉体が舞踏家になり、精神が鳥になること。これこそ実際、私のアルファでありオメガなのだ」(『ツァラトゥストラ』第三部「七つの封印」六節)

「生に対する歴史の利害」と題されたニーチェの『反時代的考察』の第二論文(一八七四年)は、当時の大学や高校で行われていた古典語教育に象徴される形骸化した歴史的教養をこきおろしたものである。ダンカンは古典バレエを非難し、ニーチェはギリシア語、ラテン語の授業を罵倒している。生命や芸術を台無しにする無駄な歴史的知識を論じたあと、「青年」(ユーゲント)に宛てて、ニーチェはこう訴えている。

「世界がこうした大人やじじいから救われたら、彼らによる救いなるものよりも世界は、ずっと救われているはずだ。なぜなら、そうすれば、青春の王国が到来するからだ。ここで、ユーゲントを思いながら、私は叫びたい。『陸が見える、陸が見える』と。暗い見知らぬ洋上を、情熱的に探し求めながらのあてもない航海は、もう十分だ、あきあきだ！　ようやくにして岸が見えて来た。どんな陸かは知らぬが、ともかく上陸しなければ。最悪の緊急避難の岸辺であっても、疑いに苛まれながらの、希望のない、果てしなき水の上に戻るよりはましだ。ともかく岸を確認したら、どこか入りやすい湾を見つけられるだろう。そして後から来る者たちが上陸しやすいようにしてやれるだろう」(『反時代的考察』第二論文)

青年たちの自由な発展の芽を摘み、国家有用の人材へと調教する歴史的教養への憎しみは、ニーチェの出発点だった。

「すべての国家が古典的教養を推進するさまを見て、わたしはこう言いたい。〈それはきわめて無害なものにちがいない〉。さらに〈それはきわめて役立つものにちがいない〉と[13]」

「わたしは学者たちの家を出たのだ。出がけに、はげしくそのドアをしめてやったのだ」(『ツァラトゥストラ』第二部「学者」)

ただし、ここで言う学者とは必ずしも現代の研究者の意味ではない。ラテン・ギリシアの教養に通じた十九世紀の選良である。同じく『ツァラトゥストラ』第二部の「教養の国」と題された章には、先に引いた航海のイメージが使われている。そして未知の国への到着のためには、まずは息苦しい「教養の国」から出航しなければならない。

「こうして、わたしが愛するただひとつのものは、わたしの子どもたちの国だ。それはまだ発見されず、はるかに遠い海の上にある。わたしはわたしの帆に命じる、この国を捜せ、捜せと。わたしの子どもたちによって、わたしは、わたしが父祖の子であることをつぐなわせたい。すべての未来によって――この現在をつぐなわせたい！――」

まったく違った生活のあり方への、まったく違った人生の大陸への船出の夢をのちにニーチェは、コロンブスに比してなんども歌い上げる、そして踊りについて語る。

当時はサラ・ベルナールやエレオノラ・ドゥーゼのような歴史に残る名女優が活躍し

ていた。彼らの舞台作りはこのアール・ヌーヴォーの精神を体現したものが多かった。アルフォンス・ミュシャによるサラ・ベルナールの舞台ポスターを見るだけでも明らかである。サラ・ベルナールにしても、エレオノラ・ドゥーゼにしても、イサドラ・ダンカンにしても、皆ベル・エポックを生き抜いた恋多き女性たちだった。ドゥーゼはリルケとも交遊があったし、ダンカンとロシアの酔いどれの天才詩人エセーニン(一八九五―一九二五年)との激しく不幸な関係は多くの謎に満ちている。

第四節　アルカイズムとモダニズムの出会い

だが、まずは舞踏についてのニーチェの言葉を少し読んでみよう。その多くは、入場料を払って見なければならない舞台上の舞踏よりも、比喩的な意味が多く、生活を舞踏そのものにしようという、いわば芸術と生の魅惑的な抱擁とコラボを目指したものである。

「ディオニュソスの酒神讃歌(ディテュランボス)にあっては人間は、激しく昂奮していっさいの象徴的能力が最高度に高められる。今まで感じたことのない感情が、表現を求める。マーヤのヴェール[14]の破壊であり、形式の、いや自然そのものの源泉としての一体性が表現を求める。今や自然の本質がその象徴表現を見出さねばならない。新しい象徴世界が必要となるのだ。身体全体の象徴化が、つまり、口や顔や言葉の象徴化に尽きるのでなく、四肢の隅々にいたるまでリズミカルに動く舞踏のくねり(Tanzgebärde)が必要となるのだ。それとともに、それ以外のいっさいの象徴能力が、つまり、音楽の能力が、リズム、ダイナミズム、そしてハーモニーといった能力が、突如として激しく表現される。いっさいの象徴能力のこの総体としての解放を理解するためには、こうした力の発散に表現を求めるあの自己消滅の頂点に達したことがなければならない。ディオニュソスの酒神讃歌を歌う従者たちは、仲間同士でしか理解できないのだ。アポロ的〔主知的〕なものを信奉するギリシア人は、こうしたディオニュソスの従者を見ていかに驚いたことであろうか？　だが、この驚きは、実はこうしたいっさいがアポロ的ギリシアにもそれほど異質ではないのだという驚愕の意識が混じるとともに、いっそう激しいものとなる。それどころか、アポロ的意識は、こうしたディオニュソス的世界があることをみずからに覆い隠してくれるヴェールにしか過ぎないことがわかるのだ」(『悲劇の誕生』第二節)

自由な表現欲を展開する現代舞踏の雰囲気とアルカイックな秘儀的乱舞の調子とが、重なりあった文章である。ディオニュソスを言祝《ことほ》ぐ集団的な酒と舞踏の祭り。身体の奥底からの歓喜の爆発とその表現。ほとんど性の結合の絶頂感への夢を思わせる。うつしみのこの世を現実と見せるマーヤのヴェールの崩壊。肉体と生命の根源が噴き出す。うわべを気取った日常、ニーチェが「文化的人間の嘘」(同第八節)と呼ぶ表向きの規則や作法が吹き飛ぶ。芸術は、日常生活から離れた別の次元、楽しみの次元ではなく、生命の奥底が噴き出したという意味での真理の表現だというのだ。そしてそれこそ「身体のみぶり」であり、「くねり」なのだ。初版では『音楽の精神からの悲劇の誕生』と銘打ったこの本なのに、実は音楽という象徴表現の前に「舞踏のくねり」という象徴化があるというのだ。

「ディオニュソス的なものの魔力のもとでは、人間と人間とのあいだの絆がふたたび結ばれるだけではない。疎ましいものとなっていた、敵対的な、もしくは隷属させられた自然が、その家出息子たる人間と和解の宴を祝うのだ。大地はその恵みをすすんでさし出し、岩山や砂漠に住む猛獣が柔和な表情で近づいて来る。ディオニュソスの乗った山車は、花束や花輪でいっぱいに飾られ、その柄を引いて、豹や虎が歩いて行く。ベートーヴェンの『歓喜の歌』を、一幅の絵に換えたものを想像してみるがいい。そして幾百万もの人々が打ち震えながら地に伏す姿を惜しみなく想像してみるがいい。このような想像を通じてこそディオニュソス的なものに近づくことができるのだ。いまや奴隷も自由な人間となり、貧困や恣意や、『派手な流行』のおかげで人間にまつわりつく固定観念的な差別、敵対的な排除が崩れ去り、世界調和の福音を前にして、誰もが隣人と結ばれ、和解し、融合したという以上にひとつになった感じを抱くのだ。あたかも、マーヤのヴェールが引き裂かれ、そのぼろが神秘の根源的な一者の回りに浮遊しているに過ぎないかのようだ。人間は、より大いなるコミュニティの一員となって、歌と踊りを通じて表現するのだ。歩くことも語ることも忘れてしまい、踊りながら高く上らんばかりである。彼のからだのくねりが語るのは、快楽の絶頂である。いまや動物が語り、大地は乳と蜜を恵む。同じように人間の口からはいまだかつて聞いたことのない音がほとばしる。人間は自らを神と感じ、陶酔の中で高まり、彷徨する――夢の中で見た神々の歩みと同じに。人間はもはや芸術家ではなく、芸術作品そのものとなったのだ。自然全体の激烈な芸術的力が、根源的一者の快楽の絶頂となって現れ、陶酔の震えのなかで満ち足りるのだ」(同第一節。傍点筆者)

「アッチカ悲劇にあっては、観衆とオーケストラ・コーラスは一体であり、基本的に両者が相対するという関係ではないのだ。いっさいは、踊りかつ歌うサチュロスの、あるいはサチュロスによって自らを表現している人々の、壮大なるコロスなのだ。コロスは『理想的な観客である』としたシュレーゲル(ドイツ・ロマン主義の理論家・作家)の言葉のより深い意味がこうして明らかになる。つまり、コロスこそは、舞台の幻想の世界を見る唯一の見者だからである。われわれが知っているような舞台の観衆というのは、ギリシアでは知られていなかった。ギリシア人の劇場では、観衆の座っている同心円状のスタンドで、観客の誰もが、外部のいっさいの文明なるものを無視し、見とれている

当のコロスの一員になったつもりでいられたのだ」(同第八節)

アルカイックなものとモダニズムとの結合の可能性、硬直した擬古典主義的な古典古代観にもかかわらず生き続けた美の理想とモダニティの結合への夢が、こうした文章には潜んでいる。十九世紀を支配した、ギリシアのデモクラシーへの曖昧なよりかかりとエリートの選別思考のあの奇妙な結合を越える試みがここにはある。擬古典主義によって覆い隠された深層の生命の噴出と言ってもいい。当然セクシュアルな含みが強くうねっている。チケット代を払って見る劇場のあり方を邪道と見たダンカンとも共通する。実際にはダンカンは入場料のおかげで、猛烈な富と贅沢な生活を手にしたのだが。

さらに踊りについてのニーチェの言葉を聞こう。

「踊る星を生むためにはおのれのうちに混沌を宿していなければならない」(『ツァラトゥストラ』序説五節)

「私は踊ることを心得た神のみを信じよう」「今や一個の神が私を通じて踊っているのだ」(同第一部「読むことと書くこと」)

「ある夕方、ツァラトゥストラは弟子たちをつれて森を通って行った。そして泉を捜していると、思いがけなく木々と茂みにかこまれたしずかな緑の草地に出た。そこに少女たちがたがいに踊っていたのである。少女たちはツァラトゥストラだとわかると、踊りをやめた。しかし、ツァラトゥストラはやさしい様子で少女たちに近づき、このように言った」

『可愛らしい少女たちよ、踊りをやめなさるな！　わたしは少女の敵ではない。こわい目をして、遊戯の邪魔をしようとここへ来たのではない。

わたしは悪魔に対しては神の味方だ。もっともわたしの言う悪魔とは、重力の魔のことだが。――身の軽い人たちよ！　どうしてわたしが神々しい踊りに敵意などを持つだろう？　美しいくるぶしを持った少女の足に反感を持つだろう！

たしかにわたしは、暗い木々におおわれた闇黒の森だ。しかしわたしの暗さをこわがらない者は、わたしの糸杉の木々のもとに、薔薇《ばら》のむらがり咲くのを見つけだすだろう。

また、そこには少女たちに一番人気《にんき》のある、あの小さな愛の神をもきっと見つけだすだろう。泉のほとりに、この小さな童神《キューピッド》は横たわっている。静かに、眼を閉じて。

まったく、昼日中から、この小さな神は寝てしまったのだ。いい気なものだ！　蝶を追いまわしすぎたのだろうか？

美しい踊り子たちよ、わたしが小さな神をすこし無理に起こしても、わたしを悪く思わないでおくれ！　かれはきっと声をあげて、泣きだすだろう、――だが、その泣いているところも、見れば、愛らしくて笑いたくなるくらいだ！

きっと眼に涙をうかべながら、かれはあなたがたに一緒に踊ってくれと頼むだろう。ではこのわたしが、かれの踊りのために歌を歌ってやろう。わたしの歌は、重力の魔を嘲る舞踊の歌だ。この重力の魔こそわたしにとって最高で最強の悪魔、人々の言うところの「この世の主」なのだ』(同第二部「舞踏の歌」)

「わたしは舞踏によるのでなければ、最高の事物の比喩を語ることができない」(同第二部「墓の歌」)

さらに『ツァラトゥストラ』第三部の「第二の舞踏の歌」には、軽いタッチのオペレッタ調の喜劇と踊りを見るかのような章句もある。同時にショーペンハウアー哲学に根ざした、深い淵に浮かぶ小舟の発想もある。だが、この小舟は舞踏とともに金色に輝く。

「おお、『生』よ。さきごろ、わたしはおまえの目のなかをのぞきこんだ。夜のように暗いおまえの目のなかに、黄金がきらめくのを、わたしは見た。――思わず恍惚として、わたしの心臓の鼓動がとまった。――金色の小舟が一隻、まっくらな水面にきらめくのを、わたしは見た。沈みかけ、水にひたり、ふたたびさしまねく金色にゆれる小舟！舞踏好きのわたしの足に、『生』よ、おまえはちらと目をくれた。笑うような、問うような、とろかすような、ゆらぐ視線を。ほんの二度、おまえはその小さな手でカスタネットを打ち鳴らした。――それだけで、もうわたしの足は舞踏の熱に浮かれだした。わたしの踵《かかと》は高まり、わたしの爪先はおまえの心を知ろうとして、耳をすませた。耳が爪先についていてこそ、舞踏者というものなのだ！　おまえのところに、わたしは躍りかかった。躍りかかると、お前は逃げた。逃げながら、おまえの髪の毛はなびき、わたしにむかって、小さな舌をちょろつかせた！　わたしは跳びのいた。おまえの蛇から跳びのいた。おまえは、もう立ちどまり、なかば身をひるがえして、欲望にみちた目をわたしに向けていた」

「しばしば、このあこがれは笑いのさなかに、わたしを引きさらい、高く、遠く、運んでいった。わたしはおののきながらも一本の矢になり、太陽に酔いしれた恍惚を貫いて飛んだ。──どんな夢もまだ及んだことのない遠い未来へ、どんな芸術家が夢想したよりももっと熱い南国へ、神々が舞踏し、衣をまとうことを恥とするかなたへ」「そこでは、一切の生成が神々の舞踏であり、神々のきまぐれであると思われた。そして世界は、一切の繫縛から解き放たれて、本来のおのれのすがたにたちかえるところ、──」(同第三部「古い石の板と新しい石の板」二節)

世紀末の生活改革運動や青年運動の中で野原での男女の裸体での踊りなどが流行したが、こうした章句と結びついていた。

ポエジーの発生とリズムの治癒力について、そしていっさいの根源にある舞踏の力について、のちにニーチェはこう語る。

「なによりも人々は、人間が音楽を聞くこと自体に経験する、リズムに捉え込まれるあの基本的なあり方を利用しようとした。リズムは引っ張って行く力なのだ。リズムは、それについていこう、合わせようという越えがたい快楽を生み出す。足の動きのみでなく、魂すらもが、そしておそらくは、――人々は考えたであろう――神々の魂も、拍子についていくことになる。神々をリズムによって引っ張って行こう、そして、神々を支配しようとしたのだ。神々の首にポエジーを魔法の輪のように巻きつけたのだ。もっと奇妙な考え方もあった。そしてまさにこれこそが、ポエジーの発生に最も強力に作用した。ピタゴラス学派ではこの考え方は、哲学的学説として、教育上の方策として現れている。しかし、哲学者などが存在するよりもずっと前から、音楽には激情を発散し、魂を浄化し、心のさび(ferocia animi)を和らげる力があると人々は考えていた。しかもそれは、まさに音楽におけるリズム性によるのだとされていた。魂における真の緊張とハーモニーが失われた時、人々は踊らねばならなかった。歌い手の拍子に合わせてである。――これこそが、この治癒力の処方箋だったのだ。この治癒力を使ってテルパンドロス〔紀元前七世紀のギリシアの詩人・音楽家。古代ギリシアにおける音楽の改革者、叙情詩の創始者とされている〕は、昂奮を鎮め、エンペドクレス〔紀元前五世紀の古代ギリシアの哲学者〕は、狂人をおとなしくさせ、ダモン〔音楽を重視したピタゴラス派で、友情の物語で有名〕は、恋わずらいの若者を楽にしてやった。また、復讐を叫んで荒れ狂う神々をいやした」(『喜ばしき知識』八四番)

第五節　踊りと自由精神

踊りは詩にもある。ニーチェが好きだった中世の吟遊詩人《トゥルバドゥール》(15)のふるさとプロヴァンス地方に吹く北風ミストラルに託した詩は副題も「舞踏の歌」。

ミストラルに寄せて――舞踏の歌

ミストラルの風よ。雲を追い払うお前よ。
憂鬱を殺し、空を掃き清める者よ。
吹きすさぶ者よ、私はなんとお前のことが好きか。
われわれは同じ胎内から出たふたりではなかろうか。
ひとつの定めの最初の贈り物ではなかろうか。
久遠の昔からこのように定まっているのではなかろうか。

この滑りやすい岩山の道を
私は踊りながらお前の方に向かって行く。

お前が吠え、うなり、歌うのとおなじに、踊りながら。
お前は船も舵も必要とせずに、
自由の最も自由な兄弟として
荒れ狂った海を越えて飛んで行く。(中略)

幾千という波の背中の上で踊るがいい。
波の背の、波の意地悪な戯れの上で——
新たな舞踏を生み出す者、万歳!
何千というやりかたで踊ろうではないか。
自由——これこそわれらの芸術の名としよう。
楽しく——これこそわれらの学の名としよう。

どの花からも一枚の花びらを
われらの栄光のために摘もうではないか。
そして冠に二枚の葉も。
吟遊詩人《トゥルバドゥール》たちのように踊ろうではないか。
聖人と遊女のあいだの

神と世界のあいだの踊りを。

風と戯れて踊れない者、
帯でくるまねばならない者、
杖を放せないおいぼれじいさん、
そういう連中は欺瞞野郎だ
名誉の好きなお馬鹿さん連中、美徳のガチョウ
われらの楽園から出て行け！

ミストラルは「自由精神」の言い換えであり、比喩である。「自由精神」もいかなる既成の信仰も信じない懸崖の上で踊る。
「山の洞穴から吹きおろす風にならうことだ。風はおのれの笛の音《ね》にあわせて、踊ろうとする。その足に踏まれた海は震え、とびあがる」「それは薊《あざみ》の頭を吹きとばす。つまらぬ思念に満ちた頭を。それはすべての凋《しお》れた葉っぱや雑草の敵なのだ。この荒々しい、めでたい自由な嵐の精神を讃えよう。それは沼地と深く淀んだ悲哀の上でも、牧場とかわらず踊る！」「あなたがた、『ましな人間』たちよ、あなたがたのいちばんまずかったのは、踊るべき踊りを踊ることを学ばなかったことだ、――あなたがた自身を超え

て踊ることを！　あなたがたが失敗しても、それがなんだろう！　なんと多くのことが、まだまだ可能であることか！　だから、あなたがた自身を超えて笑うことを学びなさい！　あなたがたの心を高らかにあげよ、あなたがた、良き舞踏者よ、高く！　もっと高く！　そして良き笑いをも忘れるな！」(『ツァラトゥストラ』第四部「『ましな人間』について」二〇節)

「人間は、自分には命令されることが必要だという信念を得ると『信心深く』なる。逆に考えられることは、自己決定の喜びと力であり、意志の自由であり、精神がどんな信仰とも、確実性へのどんな望みとも縁を切り、軽やかな綱と可能性の上でバランスをとり、眼下に深淵を見ながらなおも踊ることに彼なりに習熟していることだ。このような精神こそは格段に上等な自由精神であろう」(『喜ばしき知識』三四七番)

舞踏はドイツ的なものの正反対でもある。

「ドイツ語で書かれた本は、三つ目の耳を持っている者には、いかなる拷問であることだろうか。響きのない音の沼地、舞踏のないリズムの沼地、この退屈に広がる沼地の傍らでこういう人はなんともいやいやながら立ち尽くす」(『善悪の彼岸』二四六番)

それはドイツ音楽にもあてはまるらしい。特にヴァグナーである。その反対は南欧の海と光、そして舞踏そのものの生である。

「われわれ晴天の人々がヴァグナーにはないと思うもの、喜ばしき知識(la gaya scien-

za)、軽々とした足取り、ウィット、炎、優美、大いなる論理、星々の舞踏、にぎやかな精神性、南ヨーロッパの降り注ぐ光、静かな海、完璧さ……」(『ヴァグナーの場合』)
さらにはヨーロッパを越える。
「なんとムーア人の踊りがわれわれの心にしみることか」(同)
『ツァラトゥストラ』第四部には、砂漠の娘たちの踊りを描いた章もあるが、これは割愛せざるをえない。

ところでニーチェは一般に民主主義を敵視したとされている。彼自身も現実の民主主義なるものの中に個性の自由な展開の可能性を見ていなかった。当時民主主義とされていたものはただの画一主義と権威主義であって、実際には民主主義とは似ても似つかないものだったが、あの頃も、社会全体が民主主義が実現したものと深い自己満足に浸っていたのだから仕方ない。ニーチェはその偽りの自己満足に反発することになる。ニーチェの中に、深められた民主主義と矛盾しない絶対的なロマン主義的人格形成を見たのは、哲学者としてはローティがはじめてである(第六章参照)。
ところが、アメリカからきた舞踏家イサドラ・ダンカンにとって、ニーチェは『草の葉』の詩人ホイットマン、このアメリカの民主主義の文学的創始者と重なりあうものだった。「私はアメリカが歌うのが聞こえる」というホイットマンの有名な一行を踏まえて、ダンカンは書いている。「私はアメリカが踊るのを見る」「それは高きに向かって高翔する幼児の生気撥剌たる跳躍であり、未来の完成へ向かって、あるいはアメリカを表現する新しい人生の偉大なる理想へ向かっての跳躍であった(16)」。

ホイットマンも官能を歌う詩人だった。官能と民主主義の融合を、つまり、個性の解放と矛盾しない民主主義を求めていた。このホイットマンを最初のボルシェヴィキとすら形容するダンカンは、革命ロシアに招かれ、モスクワに舞踏学校を設立している。ロシアにはすでに革命前にも公演に行っている。最初に到着したのは一九〇五年一月二十二日「血の日曜日」の夕方だった。

新しい舞踏は政治の時代の文化の試みでもあった。革命後は中央アジアのタシケントまでも公演に出かけた。ユーゲントシュティールから出発してソ連に出かけた芸術家には、ユーゲントシュティールの画家フォーゲラーがいるが、生命の讃歌とアメリカン・デモクラシーとボルシェヴィキとニーチェが舞踏で重なる――同じ時代の気分の中でニーチェとの接触による芸術の火花はずいぶんと面白い形で光り、散ったものである。それは、哲学者のエルンスト・ブロッホがいかに警戒しようと、ナチスのぶちあげた花火とはまったくちがうものだった。この章は、生の哲学の焼き直しとも言える現代フランスの哲学者ドゥルーズによるニーチェと舞踏をめぐることばで終えよう。

「ニーチェは自分が『悲劇の誕生』で主張していた劇という考え方を捨て去る。劇とはなお一つのパトス(苦悩)であり、矛盾に対するキリスト教的なパトスである。(中略)悲劇の劇的な表現に反対して、ニーチェは英雄的な表現の権利を要求する。つまり、陽気な英雄、軽やかな英雄、舞踏する英雄、戯れる英雄。われわれを軽やかにし、われわれに舞踏することを教え、われわれに遊戯の本能を与えるのが、ディオニュソスの任務である[17]」

(1) シェルドン・チェニー編『イサドラ・ダンカン　芸術と回想』(小倉重夫訳編、冨山房、一九七七年)二一ページ。
(2) クルツィア・フェラーリ『美の女神イサドラ・ダンカン』(小瀬村幸子訳、音楽之友社、一九八八年)四一ページ。
(3) 同書三七ページ。
(4) 同書四二ページ。
(5) 前掲『イサドラ・ダンカン　芸術と回想』二一ページ。
(6) 同書七七ページ。
(7) 同書八〇ページ。
(8) 同書九七ページ。『悲劇の誕生』の初版(一八七二年)の書名『音楽の精神からの悲劇の誕生』をふたつに分けて書いているのは、不思議だが。
(9) ニーチェ『ツァラトゥストラはこう言った』(氷上英廣訳、岩波文庫、全二冊、一九六七・七〇年)下巻、第三部「古い石の板と新しい石の板」二三節からの引用である。同書一一九ページ。以下『ツァラトゥストラ』と略記。

(10) 同書一一六ページ。

(11) ヴァルター・ベンヤミン『パサージュ論』第三巻(今村仁司・三島憲一他訳、岩波現代文庫、二〇〇三年)四二四ページ。

(12) Löwith, Karl, *Mein Leben in Deutschland vor und nach 1933*, Stuttgart, 1986, S. 5.(レーヴィット『ナチズムと私の生活』秋間実訳、法政大学出版局、一九九〇年)。

(13) ドイツ語版『ニーチェ全集』第八巻八二―八三ページ。

(14) マーヤとは、ニーチェがショーペンハウアーを通じて愛した古代インド神話の大いなる女神であり、かつ宇宙そのものであり、同時に煩悩にあふれたこの世という幻想である。ショーペンハウアーは、われわれの空疎な感覚やそれゆえの幻想や幻覚、妄想や希望を「マーヤのヴェール」と呼んだ。

(15) 『喜ばしき知識』付録「プリンツ・フォーゲルフライの歌」。

(16) 前掲『イサドラ・ダンカン　芸術と回想』二〇ページ。

(17) ジル・ドゥルーズ『ニーチェと哲学』(足立和浩訳、国文社、一九七四年)三五ページ。

第二章　ハイデガーのニーチェ

「存在者の存在を力への意志とするこうした解釈を通じてニーチェは、西洋の思考の最内奥の、そして最も広大な圏域へと歩み行ったのだ[1]」

――ハイデガー

ハイデガー(一八八九―一九七六年)と言えばニーチェ、ニーチェと言えばハイデガーというほどに、ある時期、ハイデガーのニーチェ解釈は文字通り一世を風靡した。およそ今から五十年前、一九五〇年代から六〇年代前半にかけてのことだった。この勢いは現在までも尾を引いており、ニーチェとなると、ハイデガーによる解釈という一曲しか弾けない哲学演奏家は、引退気味の方々ばかりでなく、若い職業哲学者でも今なお結構いるようだ。

そして、そこから「日本的な」「無の哲学」に至り、「ヨーロッパのニヒリズムの克服」は日本から、などという見解が今でも時に見られる[2]。どうしてこういうことになったのだろうか？　いったいニーチェはどんな読み方をすればこうなるのだろうか？　少し背景を遡ってみよう。本章では、「異教的世界の再生」「公共圏批判と孤独」「近代の二元論的認識理解の批判」「ニヒリズム」「存在史的な文化相対主義」の五点を中心にハイデガーのニーチェを見て行きたい。

第一節　異教的世界の再生

一九二七年の『存在と時間』は、まさに「雷が落ちたように」(3)(G・ミッシュ)、ハイデガーの名を一夜にして国際的に有名にした。それは、これまでの文化や教養が一気に崩壊した第一次世界大戦後の時代の声であり、未曽有の惨劇を体験したドイツ教養市民層のよるべなさの感覚を代弁していた。文体もまさに表現主義そのもので、時代の共鳴板を鋭く響かせた。学生として聴講したある哲学者(G・ピヒト)に言わせると、ハイデガーの講義には「われわれがそれまで文化という名で信じていたいっさいのもの(4)」を覆すなにものかがあった。つまり、教養主義的な人間形成、それに依拠したリベラルな文化への不信の念が満ち満ちていた。

その点では、古典バレエに対するイサドラ・ダンカンの不信や反抗とも軌を一にしていた。世紀転換期から第一次大戦直前にかけて高揚した青年運動由来の反市民文化の流れに棹さしていた点は同じである。例えば、一九二四年に新カント派の巨頭ナトルプが亡くなると、ハイデガーは通常の講義の冒頭の時間を割いて、時には激烈に批判したこの哲学者に弔辞を捧げている。弔辞の最後でハイデガーはナトルプについて「彼は、ドイツの青年たちが十年少し前の一九一三年秋にホーエンマイスナー〔ヘッセン州東北部ヴィッツェンハウゼン市郊外〕に集い、内的な真実性と自己責任にもとづいて人生を作って行くと誓った時に、彼らが望んでいることを理解した数少ない最初の、いやひょっとするとドイツの教授たちのただひとりかもしれない」と述べている。(5) 一九一三年のホーエンマイスナーとは、まさにドイツ青年運動が総結集した時と場所のこと。そこには、学生のベンヤミンもいたし、後にヒトラーの御用彫刻家になるアルノ・ブレーカーもいた。(6)哲学とは直接には無関係な青年たちによる市民社会からの文化的脱出の運動の思い出に、ナトルプへの哀悼の言葉を捧げているのは、象徴的である。そして、これがドイツにおけるニーチェ受容の最初の基盤であった。この基盤は挫折を繰り返すヴァイマール民主主義のなかで次第にドイツ・ナショナリズムの色彩を強めて行く。ハイデガーの知的行路もこの過程と無縁ではなかった。

『存在と時間』では、これまでの西洋の形而上学の破壊が目標とされる。この形而上学こそが哲学の本来の問題を問うことを妨げてきたというのだ。形而上学は、アリストテレス以来、神とはなにか、人間とはなにか、動物とはなにか、自然とはなにか、というように、ものの本質を、そのあり方を問うだけだった。ようするに本質論という意味での「存在論」に尽きる。特に「生物」の本質を問うたりする「局地的存在論」に至っては、学問、特に個別科学の成立に寄与するだけで、哲学とは無関係である。

哲学が問うべきは、「神とはなんであるか」という疑問文の基礎にある「ある」ということは一体なんなのか、つまり「存在とはなにか」という基礎存在論的な問いである。そのためには、哲学を何層にも覆うこれまでの形而上学をひとつひとつ取り壊して行かねばならない、というのだ。

だが、この取り壊しなるものはそれほど簡単なことではない。目をつぶって「有」や「無」について瞑想したところでなにがわかるというわけでもない。そこでハイデガーは、彼が「現存在 Dasein」と名づける人間自身が、存在をどのように理解しているかを解釈学的に問うて行こうとする。モデルは、全体の理解と部分の理解の相互循環という文献読解では誰もが経験する解釈学的循環である。なぜなら、人間にとっては自分が存在することが重要であり、この存在が消滅することも、つまり死も重要である。それゆえ人間は、自分が「ある」ということについておぼろげであれ、理解しているはずである。難解なテクストでも、いくらかは予感が、「先行了解」があるから、細部にも入って行けるのとちょうどおなじである。そうした存在についての現存在の先行了解をまずは調べてみようというのだ。

このように論じながら彼は、人々が日常生活に埋没している状態をいくら分析しても、現存在における存在理解は見えて来ない、そうではなく、この世に存在していること自身がもたらす漠とした不安(Angst)の分析から無の上に架け渡された現存在のありようが見えてくるはずだ、不安の中で自己が無となる死のあり方も見えてくるはずだ、と述べる。彼が特記するのは、「本来的な」人間存在である。つまり、普通の人間のあり方ではない。日常の社会生活やそれを支える習慣を疑わず、メディアが提供する議論に、つまり「公共圏」に溺れている無記名のヒトではなく、自らが「ある」ことを、つまり死すべき有限な存在であることを自覚し、本来的に生きることを深く決断する人間のあり方を問うことこそ「存在するとはどういうことか」という問いに近づく道であるというのだ。「不安」の分析はまさに時代状況にぴったりだった。

ここには、当時やはり危機のなかで再発見されたキルケゴールのモチーフもあることはたしかだ。つまり、本来的なキリスト者として、キリストの生を自らにおいて繰り返す、再現する実存というモチーフである。ハイデガーはこのモチーフを、形而上学の破壊という自らの目論見とつなげる。つまり、キルケゴールがキリストの本来の姿の回りにこびりついている制度化された教会、特に国家と癒着した教会を取り壊し、突き抜けて本来のキリストの姿の「まねび」を説いたのと同じに、ハイデガーは、存在への問いの回りにこびりついて、この問いを不可能にした伝統的な形而上学を打ち壊して、そうした形而上学のかさぶたに覆われた西洋の始まる前の時代を現代に取り返そうというのである。それこそが「本来的に」生きることなのである。なんということはない、「本来的に生きる」とは、自分の仕事のことなのだ。

すぐわかるようにここには『悲劇の誕生』のモチーフがある。ニーチェは、西洋の理性とヒューマニズムのはじまりをギリシアに見る古典的なギリシア観の転覆をめざした。「高貴な単純と静かな偉大」をギリシアの建築や彫刻に見て、古典古代ブームを創出したとされるヴィンケルマン以来のヒューマニスティックなギリシア観に、ギリシアの血みどろの運命悲劇を組み込むのは、当初から難しかった。悲劇ではあまりに理不尽な血が流れすぎていた。そうしたギリシア悲劇の根源をニーチェは、古代ギリシア人のディオニュソス的経験に見た。つまり、ソクラテスに始まる西洋の理性とそれが生み出した文化的分裂以前の世界に遡ろうとした。この異教的世界は、近代のように芸術が単なる観賞の対象になっているのではなく、芸術が死や没落と結びついて生を呑み尽くす世界とされている。この考えは、教会以前のキリストに遡ろうとした宗教的キルケゴールと、哲学的理性の誕生以前に遡ろうとした哲学的ハイデガーのあいだを、芸術を通じて架け渡すものだった。

だれにあっても批判の対象は十九世紀の市民文化だった。しかし、ニーチェにあっては批判の当初の動機は、リヒャルト・ヴァグナーのバイロイト祝祭劇場の建設運動だった。ヴァグナーの楽劇を通じて、古代ギリシアの祝祭共同体を復活させ、ソクラテスによって潰されたと彼が見るディオニュソス的世界の再生を、その意味で市民社会の中で西洋の起源と公認されていた理性の文化以前に戻ることが動機だった。しかも、ドイツが戻ることが肝腎だった。当時のニーチェの文章やメモには、「ギリシア精神の再覚醒」[7]とか「ドイツ精神の再生によるギリシア文化の再生」[8]といった表現が非常に多い。

『存在と時間』のハイデガーは、このキルケゴール的かつニーチェ的な破壊と再生の思考を彼なりの哲学っぽい表現で次のように述べる。「事実的な本来的な歴史性のみが決断した運命として、かつてあった歴史を解明するのだ。それも、繰り返し〔取り返し〕を通じて、可能的なものの〈力〉が事実的な実存の中に激しく侵入してくるように、つまりは、その実存の未来性において実存を待ち受けているように解明するのだ」[9]。その少し前には「事実的に現実に存在した可能性」という表現もなされている。ようするに、自己の未来を見つめつつ、現在を呪縛している最近の過去を打ち払い、はるかな真の過去に存在した異教的な生のあり方を現在に生かそう、取り戻そう、「激入」させよう、繰り返そうとすることこそ真の歴史性に生きるあり方だというのであろう。

もちろん、『存在と時間』には、『悲劇の誕生』への明確な言及はない。ハイデガーはいわば文化音痴である。しかし、今引いた『存在と時間』の文章のすぐ先には、ニーチェは、『反時代的考察』の第二論文[10]「生に対する歴史の利害」によってこうした関連をよく見ていた、とする指摘がある。まずは、荒野の預言者のように再生を、だが預言者と異なって、はるかな過去の再生を呼びかけるニーチェ、ハイデガーにおける「繰り返し」「取り返し」のモチーフにつながるニーチェを読んでみよう。

「音楽は文明を消去する。ちょうど太陽の光がランプの光を見えなくするように。まさにそれゆえに、ギリシアの世界は今なおまったく認識されていない世界なのだ。私の道は、音楽の精神から、そして真剣な哲学からギリシア世界への通路を見つけ出すこと。私はギリシア的な生活形式こそ唯一の生活形式であると認識する。そしてヴァグナーこそドイツ的本性のうちにおけるギリシア的生活形式の再生へ向けての最も高貴な歩みと見る[11]」

『悲劇の誕生』のリヒャルト・ヴァグナーに宛てた前書きの下書きにはこう記されている。

「ここまで来れば、威厳に満ちた怒り、誇り高きまなざし、最も大胆な意欲を宿した存在、ひとりの闘士、ひとりの詩人、ひとりの哲学者に会うこと以外には望むことはない。その人の前では私はこんな演説はできないであろうが。彼の歩みは蛇と怪物の上を歩いて行くかのようだ。悲劇的認識に生きるこの未来の英雄の額には、あのギリシア的晴朗の影が射している。その光輪とともに、今まさに来たらんとする古代の再生が始まるのだ。ヘラス(古代ギリシアの自称)の世界のドイツ的再生が[12]」

その意味で『悲劇の誕生』とは、「悲劇的世界の再生」をめざしたものだった。そのためには悲劇が滅びて以来、隆盛を極めている学問ないし科学、つまり理性による歪みを取り去らねばならない。やがて、おなじ口調でハイデガーが形而上学を破壊しようとすることになる。『悲劇の誕生』にはこう記されている。

「ここでわれわれにとっての問題は、悲劇を潰す働きをしたあの力〔学問や理性の力〕はいつまでも強く、悲劇と悲劇的世界観察の芸術的な再覚醒を妨げ続けるものなのだろうか、ということである。古代悲劇が知識への弁証法的衝動、科学のオプティミズムへの衝動によって、その軌道から追い落とされたとするなら、この事実から推し量られるのは、理論的世界観と悲劇的世界観の永遠の戦いということである。そして、科学の精神がその限界にまで達し、普遍的に妥当するという科学の自負が、この限界が明らかになることで潰されたときにこそ、悲劇の再生への希望が可能となろう」（『悲劇の誕生』第一七節）

第二節　公共圏批判と孤独

近代性の最先端で、近代の忘却した世界を再生させるという希望は、当然のことながら、現在への軽蔑に由来している。軽蔑の主たる理由は、現在の書籍や出版、学校教育など、広義の文化に、いわばモダニティのライフスタイルに向けられる。今の言葉で言えば「公共圏」が浅薄きわまりないとする嫌悪感である。「公共圏」とは、人々が国や社会の大きな問題について、普遍的に正しいという信念のもとにさまざまに意見を交わす場である。現代社会では主として新聞・雑誌その他のメディアを通じてそれがなされるため、ジャーナリズムの場でもある。ニーチェの次の文章では「教養」という言葉は「文化」と言い換えて差し支えないだろう。

「それゆえ、中等教育の本来的な教養の力が今日ほど低く、弱い時代はなかった。毎日の紙の奴隷である『ジャーナリスト』の方が教養のあらゆる点で、高校教員に打ち勝っている。そして高校教員には、今ではもうジャーナリストの物言い、この業界の『軽快なエレガンス』で、教養ある明るい蝶々のように動くというすでになんどか経験した変身しかすべがないようだ。とするなら、現代のこうした教養人は、もしもこれまで理解されていないヘラスの精神の最も深い奥底からのみ理解できるような現象、つまり、ディオニュソス的精神が再び目覚め、悲劇が再生するなら、そうした現象を目にして、なんともみっともない混乱に陥る以外にないだろう。いわゆる教養なるものと本来の芸術とがおたがいに、現代で目にするほどにまでおたがいに無縁かつ嫌いあって対峙している芸術時代はなかった。薄弱な教養が真の芸術を憎むのはなぜか、その理由がわれわれにはわかる。だが、すでにある文化のあり方の全体が、つまり、あのソクラテス的＝アレクサンドリア的文化のあり方が終末に来ているのではなかろうか。今の教養のよう

なか細く弱々しいなれの果てに達してしまった以上は」（『悲劇の誕生』第二〇節）

「高校教員」つまり、ギムナジウムの教員こそギリシア文化の体現者というドイツ的な背景の下で、ニーチェは、彼らの本来のあり方を要求する。「セダンの戦いではドイツのギムナジウムの教師が勝った」と言われた時代である。(13)

こうした公共圏への侮蔑は、ドイツ教養人に共通していたが、『存在と時間』では、日常性に埋没した平均的人間（das Man, ダス・マン）を論じるところで変奏される。

「このように目立たず、なんになろうとするか確定されない事態にあってこそ平均的人間はその本来の独裁を行使する。われわれは普通に人が、つまり平均的人間が楽しむように楽しみ、喜ぶ。われわれは文学や芸術を、普通に人が、つまり平均的人間が読んで、趣味判断をするように、読んで趣味判断をする〔皆がいいというから、いいという〕。われわれは普通に人が、つまり平均的人間が『大衆』を無視して距離を取るように、『大衆』を無視して、距離を取る。われわれは普通に人が、つまり平均的人間が頭に来るように『頭に来る』〔汚職のニュースなどに皆と同じに怒る〕」「いっさいの根源的なものは、一夜にしてとっくに知られているものへとならされてしまう」「いっさいの秘密はその力を失う」「つまらなさ、平均性、水平化〔キルケゴールのモチーフ〕こそは、平均的人間の存在様式であり、そういうものとして、われわれが『公共圏』として知っているものを構成している。公共圏はまずはいっさいの世界解釈と現存在解釈を規制し、すべてにおいて自分が正しいと主張している」「公共圏には水準と純粋さのいっさいの相違を感じ取る力がない。公共圏はいっさいを不明確にし、このようにして隠蔽したものを既知のもの、誰にも分かるものとして提示する」(14)

丁寧に読みなおせばわかるように、ここで言われている平均的人間を、大都会の無名のサラリーマン社会、駅や交差点を動き回る「大衆」と混同してはならない。「芸術や文学」「楽しむ」(原語の genießen は、ヘーゲルの『エンツィクロペディ』の最後の言葉である)という用語、「大衆からの距離」などから分かるように、第一次世界大戦もとりあえずは生き延びたヨーロッパの教養人の社会のことである。彼らの体現する教養主義的な公共圏が槍玉にあがっている。なによりも歴史的教養への批判である。『存在と時間』の全体は、ディルタイを論じた一節(七七節)を待つまでもなく、歴史主義との戦いであると言ってもいいほどだ。歴史主義とは時代ごとの文化の相対性と個性を重視する態度であるとともに、過去の文化を自己の前身として懐しみ、楽しみ、教養の一助とする姿勢でもある。それだけでは現代のアクチュアリティと無関係というのが、ニーチェやハイデガーの批判である。

ハイデガーはのちに講演「世界像の時代」の冒頭で、近代の特徴を五点ほど挙げるなかで、科学や技術と並んで芸術が「体験」になってしまったことを挙げている。「楽しみ」の対象になってしまった、ということである。「体験」とはディルタイの用語であり、ガーダマーが指摘するように、ドイツ語の単語(Erlebnis)としても、十九世紀に通用し始めた単語である。(15) のちにニーチェは、この歴史主義の文化を『ツァラトゥストラ』で「教養の国」と呼ぶことになる。彼もすでに初期の文章で、この歴史主義からの離脱による文化の再生を念願している。

「いっさいの様式のこうした雑然たる混乱のなかに現代のドイツ人は生きている。あふれるほどの知識があるのに、このことに気がつかないということが、しかも、現在の手持ちの『教養』に心から喜んでいるなどということがどうして可能なのか、これこそは、重大な問題である。なにを見ても、現代のドイツ人は分かるはずだが。自分の服装、自分の部屋、自分の家を一瞥しただけでも、あるいは、自分の町をちょっと歩いただけでも、アート・ギャラリーにちょっと立ち寄っただけでもすぐ分かるはずだ。にぎやかな交流のなかで、自分の身のこなしや仕草の由来に、芸術的な催し、コンサート、劇場、美術館の楽しみのなかで、およそ存在しうるいっさいの様式のグロテスクな混在との重なりあいに気づくはずだ。ありとあらゆる時代と地域の形式、色彩、所産、そして奇妙な事物をドイツ人は自分の周囲に積み上げ、あのモダン特有の、歳の市的ごちゃごちゃを生み出している。この様子をドイツの学者たちは、またしても『モダンそのもの』であると見て、このように表現する始末だ。この学者たちといえば、こうしたいっさいの様式の大騒ぎの中でなにも気にせずに安閑と座しているのだ」(『反時代的考察』第一論文)

「まことに、現代の人たちよ、あなたがたはあなたがた自身の顔にまさる仮面をかぶることはできまい！　あなたがたが何者なのか、誰にも――わからない！　過去の文字や記号をいっぱい書きこみ、その上にまた新しい文字や記号を塗りつけた。こうして、あなたがたはいかなる文字解読者の力も及ばないところに、隠れてしまった！」「ありとあらゆる時代があなたがたのいろんな精神となって、たがいに饒舌をぶつけあっている。だがありとあらゆる時代の夢も饒舌も、あなたがたの覚醒《しらふ》の状態より、現実的であった！」(『ツァラトゥストラ』第二部「教養の国」)

こういう事態のなかでニーチェが愛するのは孤独である。「人間と時間のかなた六千フィート」のシルス・マリア(ニーチェが夏に好んで滞在したスイスのエンガーディン地方の観光地)の孤独である。

「教育について――しだいにわたしには、われわれのところでのような教養や教育の広く行き渡った欠陥がはっきりと見えるようになってきた。つまり、誰もが孤独に堪えることを学ぼうとしない、孤独に堪えることを求めようとしない。孤独に堪えることを誰も教えてくれない、ということだ」(『曙光』四四三番)

「わが友よ、のがれなさい、あなたの孤独のなかへ！　あなたは、いわゆる世の偉人どものひきおこす喧噪によって、耳をつぶされ、また世の小人どもの毒をもった針によって、刺されつづけているではないか？　森と岩とは、気品にみちた沈黙をもってあなたを迎えることができるだろう。あなたの愛する、あの枝を張った大樹のすがたに、あなたもふたたび似るがいい。それは黙然《もくねん》と、耳をすませて、大海のうえ高く崖に懸っている。孤独が終わるところに、市場がはじまる。そして、市場がはじまるところ、そこにまた大俳優たちのまきおこす騒ぎと、毒をもった蠅どものうなりがはじまる」(『ツァラトゥストラ』第一部「市場の蠅」)

「すべての書かれたもののなかで、私が愛するのは、血で書かれたものだけだ。血をもって書け。そうすればあなたは、血が精神だということを経験するだろう。他人の血を理解するのは容易にはできない。読書する暇つぶし屋を、わたしは憎む」「誰でもが読むことを学びうるという事態は、長い目で見れば、書くことばかりか、考えることをも害する。かつては精神は神であった。やがてそれは人間となった。いまでは賤民にまでなりさがった」(同第一部「読むことと書くこと」)

引用の最後の文章は、ヘーゲルからフォイエルバッハ、そしてマルクスへの道をさしているのだろう。

「おお、孤独よ！　あなたはわたしのふるさとだ！　孤独よ！　あまりにも長いこと、異郷に暮らして、荒涼たる思いに堪えてきたわたしは、いまあなたのもとに帰って、涙をおさえることができない！」(同第三部「帰郷」)

ちなみにこの文章の冒頭は、夏目漱石の『行人』に出てくる。散歩の途中で兄の一郎が走り去る件りを報告した文章に「Einsamkeit, du meine Heimat, Einsamkeit!(孤独なるものよ、汝はわが住居《すまい》なり)という独逸語を聞きました」と記されている。漱石が『ツァラトゥストラ』を英語で読んでさまざまな書き込みをしていたことはよく知られている。(16)

ハイデガーも特に晩年はフライブルク郊外のトートナウベルクの山荘での「孤独」について語るのを好んだ。こうした孤独のなかでのモノローグこそ本物であるというのは、おそらくキルケゴールに始まる議論だが、レーヴィットが皮肉を込めて言うように、このデンマークの「単独者」でも時代からの距離は時代に参画することでしか表現できなかった。(17) ハイデガーでも公共圏を深く軽蔑しながら、『存在と時間』をはじめ、出版を通じて、また戦後のさまざまな講演を通じてしか、つまり、公共圏への参加によってしか、その孤独を表現できないのであるから、いわば「パフォーマンスの矛盾」である。ハイデガーは都合が悪くなると、公共の場で(!)好んで孤独について語るところがある。

第三節　近代の二元論的認識理解の批判

こうした「市民的文化批判」の直接の現れは、技術批判である。さらにはそれを「哲学的」に深めた本質還元的言語で語る近代的な主体=客体の二元論批判である。近代の対象化的思考が、なにものかを隠蔽していることに問題の本質があるという暴露主義的批判である。この点でハイデガーはニーチェから多くを継承している。なによりも、近代の科学的思考は、人間がさまざまな概念を用いて、対象世界を頭脳の中で再構成し、つまり表象し(sich vorstellen)、それによって対象を自分なりに作り上げる(herstellen)方途である。すなわちデカルト以来の二元論的な自然の対象化は、技術的支配をめざしたものである――このような形での理性批判をハイデガーはニーチェから継承した。これに相応したニーチェの言葉は山ほどある。まずは、若き日に書かれたまま眠っていた「道徳外の意味における真理と虚偽について」の一節を見よう。

「個人は、他の個人に対して、自己保存をはかろうとすると、彼は事物の自然状態にあっては自分の知能をまずは偽装にのみ用いる。だが人間は同時に、必要上からも退屈を紛らわすためにも社会的に群をなして生きて行こうとする。それゆえに彼は、他の人間との平和締結が必要で、最大の『万人の万人に対する戦い』がこの世からなくなるように努める。この平和締結こそは、あの謎めいた真理衝動をわれわれが獲得するための第一歩と思われるものをもたらしたのだ。こうして今や、これから『真理』とされるものがなんであるかがきめられたのだ。つまり、事物の同じように妥当する、皆が守るべき名称がひねり出され、言語の法則が真理の最初の規則を定めることになった。なぜならここではじめて、真理と虚偽という対立が生じたのだから」「その際に人間たちは、嘘をつかれることそのものを忌避したというより、騙されることで損害を受けるのがいやだったのだ。彼らは、この次元では基本的には偽りを憎んだのではなく、ある種の虚偽のもたらすいやな、自分が損をする結末をいやがったのだ。人間が真理を望むのも、これと似た限定された枠組みにおいてである。いかなる帰結もない純粋な認識など彼にはどうでもいいのだ。それどころか、有害で破壊的な真理に対しては、不快感すら抱くであろう。そのうえ、言語というあの習慣はどうなのだろう。この習慣もひょっとしたら認識の所産、真理感覚の所産なのではなかろうか。名称と事物は重なりあい、合致しているのだろうか？ 言語は果たして、いっさいの現実の十全なる表現なのだろうか？[18]」

真理はサバイバルのためであるとされている。やがて真理は支配のためであるとされるにいたる（『善悪の彼岸』および『道徳の系譜学』）。こうしてアフォリズムを書き出した頃から次第に力への意志の思想が生まれて来る。『ツァラトゥストラ』第二部の「自己超克」の章は、生前に公刊された著作のなかで「力への意志」の用語が最初に登場する箇所である。

「最高の賢者たちよ、あなたがたは、あなた方を駆りたて、燃えたたせるものを『真理への意志』と呼ぶのか？ 存在する一切のものを思考しうるものにしようとする意志、すなわち思考可能化への意志、――わたしはあなたがたの真理への意志をこう呼ぶ！

あなたがたはありとあらゆるものを、思考的に可能なものにしようとする。ということは、あなたがたが、そうしたありとあらゆるものが、はたして思考のなかに取りいれられるかどうかに、かなり疑念を抱いているということでもある。あなたがたの意志の欲するところは、ありとあらゆるものが、あなたがたに屈伏することなのだ！　一切のものがなめらかな精神の鏡となり、精神の映像となり、こうして精神に服従しなければならないわけだ。最高の賢者たちよ、これがあなたがたの意志の正体であり、それは『力への意志』と言えるだろう。それはあなたがたが、善と悪について、もろもろの価値評価について語るときにも、あてはまる」(『ツァラトゥストラ』第二部「自己超克」)

「認識の道具はすべて抽象であり、単純化の道具であって、『認識』のために作られてはいない。そうではなくて、事物を支配するためである」[19]

「生きるものの自己保存と結びついた無知のもつ価値が、どれほどのものか考えてごらんなさい。また単純化一般のもつ価値、整理のための虚構(regulative Fiktion)、例えば論理という虚構の価値、なかんずく、解釈のもつ価値、『それがある』ではなく、『それがかくかくの意味をもつ』が残ることの価値を考えてごらんなさい。そうすれば、『真理への意志』[20]は、『力への意志』に奉仕して成長して来たものである、という結論に達するでしょう」

「〈精神〉なるものも、理性も、思考も、意識も、霊魂も、意志も、真理も存在しない。

これらいっさいは使いものにならない虚構である。〈主体と客体〉などというものはないのであって、あるのはただ、ある特定の総体的な正しさの下で、特にその知覚の規則性の下でのみ(結果として経験を資本にできる)成長しうる特定の動物種があるだけなのだ。認識は権力の道具として機能している。それゆえ、認識は権力が増せば増すほど伸びるのはあたり前のことであろう」「認識器官の充実の背後に動機として潜んでいるのは、自己保存という有効性である」「認識器官は充実しきって、ただ〔理論的〕観察をすれば、自己保存にとって存分に役立つほどになっているのだ。言葉を換えて言えば。認識意欲の強さの程度は、種がもつ力への意志の強さに比例している。ある種は、現実を把握するにあたって、それを支配し、それを自己に奉仕させる程度に認識するのだ(21)」

「学問的な世界観察、学問に対する心理的欲求の批判、把握できるようにしようとすること、実用化し、有用化し、搾取できるようにしようとすること」「数えられ、計算しうるもののみが価値をもつ」「もし歴史すら、このような形で所有されるとしたら、恐るべきかな(22)」

「理性とそのさまざまなカテゴリーへの、そして弁証法への信頼、要するに論理の価値を評価すること。これらは、そうした理性や論理が生にとって有用であることの経験による証明にすぎない。それらが〈真理〉であることの証明ではない(23)」

「搾取は……生けるものの本質に属する。搾取は、本来的な力への意志?　それはすなわち生の意志であるが――の帰結である。このことは、仮りに理論としては革新であるとしても、現実としては、あらゆる歴史の根本事実である」(『善悪の彼岸』二五九番)

やがて、当初は人間世界の競争と支配の分析に、そして自然に対する人間の支配の文明史的プロセスに適用されていた「力への意志」が宇宙の全体に適用される。

「それではきみたちは、わたしから見て〈世界〉なるものがどんなものであるか知っているのだろうか？　世界を私の鏡に照らしてきみたちに見せてあげようか？　この世界は、ものすごい力(Kraft)のかたまりなのだ。はじめもなければ、終わりもない。大きさが決まっている不動の力のかたまりで、この力は、大きくなることも小さくなることもなければ、消耗して消えることもない。ただ変容するだけで、全体として大きさに変化はない。支出も損失もない一個の経済組織。同じく増加も収入もない。ただその淵にある『無』に取り巻かれている。いかなる意味でも消滅する部分もなければ、無駄に捨てられるものもない、無限の広がりでもなく、特定の力として特定の空間に据えられているだけだ。この空間はそのどこかが『空いている』ようなものではなく、むしろいたるところに力が充満している。力と力の波の戯れで、同時に一であり多であり、ここで盛り上がると思えば、あちらでは下がる。自らのなかで荒れ狂い流れる力の海。永遠に変わりつつ、永遠にもとに戻る。回帰には猛烈な年数を必要としながら、種々の形態が溢れ、また減少する。単純から多様へと変貌し、静かで不動で冷えた状態から、熱く燃え上がり、荒れ狂い、自己に逆らう状態へと飛び出したかと思うと、充満から単純へ、矛盾から一致の快楽へ立ち戻る。こうした軌道と年月のなかで同じままである自己を肯定する。永遠に回帰するものとしての自己を祝福し、飽きることを知らず止まることを知らず、倦怠を知らない生成である。永遠に自己を生み出し、永遠に自己を破壊するこの私のディオニュソス的世界、この二重の快楽の秘密の世界、このわたしの『善悪の彼岸』、円環の幸福が目的でないとすれば、いかなる目的も知らず、自己自身への回帰の円環が良き意志でないとすれば、いかなる意志も知らない。君たちはこの世界にひとつの名前が欲しいのか？　このいっさいの謎の解決の表現が欲しいのか？　君たちにとっても光となるものが。君たち、最も隠された者たちよ。最も強く、いかなる者にもたじろがず、最も深い深夜にいる者たちよ。この世界とは力への意志である——そしてそれ以外のなにものでもない。そして君たち自身もこの力への意志なのだ。そしてそれ以外のなにものでもないのだ[24]」

ハイデガーもこうした文章をその『ニーチェ』でよく引くが、ここで暗示されている「力への意志」と「永遠回帰」の関係を講義のなかで「力への意志は、存在者の根本性格を表し、この存在者の存在そのものは永遠回帰で言い表されている[25]」、あるいは「力への意志は本質において、そしてその内的な可能性に即して同じものの永遠回帰である[26]」という定式にまとめている。力への意志のあり方が永遠回帰として捉えられる事態をニーチェは、「生成に存在の性格を刻印すること、これこそ最高の力への意志である[27]」という言葉でまとめているとハイデガーは理解する。[28]永遠回帰を自ら意欲するのが力への意志の究極のあり方ということであろう。『ツァラトゥストラ』の序説の以下の件りをハイデガーは引く。

「そのとき太陽は正午の空にかかっていた。ふと何か探すようにツァラトゥストラは上方を見あげた、——するどい鳥の声が頭上に聞こえたからである。と、見よ！　一羽の鷲が空に大きな輪を描き、その鷲に一匹の蛇が懸っていた。それは鷲の獲物ではなく、友であるように見えた。なぜなら蛇は鷲の首に輪のように巻きついていたからである。『あれはわたしの動物たちだ！』と、ツァラトゥストラは言って、心の底からよろこんだ。『太陽のもとでのもっとも誇りの高い動物と、太陽のもとでのもっとも賢い動物——かれらは様子をさぐりに出てきたのだ』」(『ツァラトゥストラ』序説一〇節)

鷲はゆうゆうと大空に弧を描きながら飛び、その首にかかる蛇は輪を作っている。鷲は近代における力の象徴、蛇は古典古代から知恵の象徴。それがともに輪を作って永遠回帰を指し示していることをハイデガーは指摘する[29](「ニーチェのツァラトゥストラとは誰か」)。

第四節　ニヒリズム

　だが、こうしたニーチェの思考は、ハイデガーから見れば、彼が壊そうとした西欧の形而上学をその極北まで押し進めたもの、その完成と終結にすぎず、彼がめざす新たなはじまり、克服(Überwindung)という名では言い表せないようななにものか、困ったハイデガーがひねりによる乗り越えという造語(Verwindung)で表現するものではない。形而上学の枠組みの中にいて、それを乗り越えるという知的思考はどうしても、通常の言語ではない表現を使わざるをえない。ニーチェはソクラテスとプラトン以前の端緒にもどろうとしたことによって、結局は形而上学の罠に取り込まれたままだというのだ。それでは、西欧の必然的運命であり、西欧の地球全体に対する支配の前提としての形而上学でしかないことになる。

　そうしたニーチェ思想に至るまでの形而上学の歴史は、ヨーロッパのニヒリズムが明らかになるプロセスであったと、ハイデガーは見る。形而上学ははじめから無の上に打ち立てられた幻の伽藍であり、そのことが次第に明らかになるのが形而上学の歴史である。当初の潜在的なニヒリズムが顕在化したのが現今のヨーロッパのニヒリズムということになる。

次はニーチェにおける形而上学の完成とニヒリズムの到来を論じるハイデガーが引く一文だ。

「〈力への意志。いっさいの価値の転換の試み〉。この定式とともに〔ニヒリズムへの〕反対運動が表現された。原則と課題に関してである。いつの日か将来にあの完璧なニヒリズムに取って替わる反対運動である。だが、この反対運動はニヒリズムを前提とし必要としてもいる。論理的にも、心理的にも前提としている。このニヒリズムに向かってのみ、そしてこのニヒリズムからのみ生まれる反対運動。ニヒリズムの到来がいまや必然的なのはどうしてだろうか？　なぜならわれわれのこれまでの最高の価値がニヒリズムのなかでその最後の帰結に到達しているからだ。われわれの偉大な価値や理念の最後まで考えられた論理こそがニヒリズムであるからだ。われわれはこうした偉大な〈諸価値〉の価値がなんであったかをほんとうにわかるためには、ニヒリズムをまずは体験しなければならないからだ。いつの日か、われわれは新たな価値を必要とするのだ[30]」

「私が語るのは、これからの二世紀の歴史である。私が描くのは、起きるはずのこと、他には起きようのないこと、つまりニヒリズムの到来である。この歴史はもう今でも語ることができる。なぜならここに作動しているのは必然だからだ。この未来はすでに何百という徴候のうちに語りだされている。この運命はすでにいたるところに見え始めている。この未来の音楽を聞こうとして誰もが耳を澄ましている。もうだいぶ前からわれわれわれのヨーロッパ文化は、十年ごとに増大する緊張に悶えつつ、いわば破局に向かって運動している。動揺しつつ、激烈な力で、駆り立てられるかのように。終局に向かって突き進む流れのように。もはや考え直そうとしない、そして、考え直すことに恐れを抱いている流れのように(31)」

この文章はかつては、ニーチェの妹の編集になる偽書『力への意志』の冒頭におかれたこともあり、またハイデガーが引くこともあって広く流布していた。

ニーチェはドストエフスキーや、神学に挫折したハイデガーのように、神がいなければすべてが許される、いわば「なんでもあり」となると考えていたが、実際には神がいなくなっても、そしてまたキリスト教の神のいなかった別の世界でも「なんでもあり」ではなかった。「人権」その他の法規範の発達と承認の現在の様子を考えてもそれは言える。十九世紀のキリスト教の締め付けのゆえにこう考えてしまったのだろう。

晩年のハイデガーがソ連の人工衛星打ち上げに際して「工房からの手記」と題して書いた短い文章がある。形而上学とそれが生み出したとハイデガーが考える科学的現実概念の克服が論じられている。そこにはニーチェの次の奇妙な文章が引かれている。「神の反証。実際には道徳的な神のみが反証されたにすぎない(32)」

第五節　存在史的な文化相対主義

ギリシア哲学誕生以前の文化の再生、公共圏批判と孤独志向、技術批判、ニヒリズム論と並んでハイデガーがニーチェから継承している今ひとつの要素は、文化相対主義である。しかもそれが存在史的に転換されて継承されている。

すでに早くからニーチェは「生」に固有の「地平」や「遠近法」について、「視野」や「展望」について語っていた。初めの頃はそれでもアルプスの山間の谷の住人たちにおける「視野」の狭さが引き合いに出されていただけである(『反時代的考察』第二論文第一節)。つまり、広い世界を知れば、拡大し、変貌しうるものとして「視野」が論じられていたが、やがて、「視野」や「地平」は価値観となって、宿命的な様相を持ち出す。

モーゼの石の板の比喩が用いられる。

「ツァラトゥストラは、多くの国と民族を見た。そして、多くの民族の善と悪とを発見した」「まず善悪の評価が必要である。それによって民族は生きてゆくことができる。しかし、およそ存続するためには、その民族は隣りの民族が評価するとおりに、評価してはならない。ある民族に善と思われた多くのことが、他の民族には嘲笑に値いし、恥辱とされた」「ここで悪と呼ばれた多くのものが、あちらでは真紅の光栄に飾られているのを、わたしは見た。隣国どうしが理解したためしはなかった。かれらはおたがいに隣国の妄想と悪意とを、いぶかしく思っていた。どの民族の頭上にも、善のかずかずを刻んだ石の板がかかげられている」(『ツァラトゥストラ』第一部「千の目標と一つの目標」)

こうしたニーチェの考えをハイデガーは、教授就任講演(一九二九年)で次のように哲学的表現で述べている。

「存在者がいかに解釈されようとも——たとえば唯心論的な意味での精神、唯物論的な意味での質料や力、また生成と生、あるいは意志、さらには実体ないし主体、エネルゲイア、あるいは等しきものの永遠回帰などとしてさまざまに解釈されているが——存在者はそのつど、存在者として存在の光のうちに現れる」(33)

簡単に言えば、その時代ごとのものの考え方のなかで見えてくるものと見えてこないものがある。社会の「格差」という意識なども近代の価値観がなければ、論じられることもないであろう。「身分」を核とした昔の社会では「格差」などは誰も論じなかった。科学史ではプトレマイオス天文学もコペルニクス的天文学もそれなりの正当性を持った一個のパラダイムにもとづいているとして、単純な進歩史観を相対化する動きがあった。ここから西欧中心主義を批判する思考も、ハイデガー自身の西欧絶対主義とは別に出てくるであろう。こうした思考は大きな影響を後にもつ。別に論じるが、フーコーなどは、こうした考えから、真理そのものの政治的生成を語ることになる。

このような文化相対主義を認識する認識者とはどういうものだろうか？　ニーチェは特に『ツァラトゥストラ』の「夜の歌」などの多くの箇所でこの生と認識の密やかな絡み合いの消息を時にはエロスと死のかかわりにも似せて語る。

「精神とは、みずからの生命《いのち》に切りこむ生命《いのち》である。それはみずからの苦悩によって、みずからの知を増すのだ。――あなたがたはまだこのことを知らない。そして精神の幸福とは、油を塗られ、涙できよめられて、犠牲《いけにえ》の獣となることとである。――あなたがたはまだこのことを知らない」(『ツァラトゥストラ』第二部「名声高い賢者たち」)

同じくこのかかわりをほのめかすニーチェの言葉をハイデガーは象徴的にも、その『ニーチェ』の扉に引いている。

「生の半ばで――いや、生は私を幻滅させることはなかった。年ごとに私には、生が真実で、欲望に値し、そして秘密をより深く宿したものとなってきた。とくに、あの偉大なる解放者が私を襲った日以来そうなってきた。つまり、生は認識者の実験となりうるというあの思想に襲われた日以来である。義務でもなく、いやな運命でもなく、欺瞞でもなく、実験となりうるという思想である。そして認識そのものも、人によって違う意味をもつかもしれない。例えば安らぎの床、もしくは安らぎの床への道、あるいは娯楽もしくは暇つぶしであるかもしれない。わたしにとって認識は危険と勝利の世界である。英雄的な感情の踊り場、にぎやかに暴れ回る場もあるような世界である。『生は認識の手段』――この原則を心に抱けば、勇敢に生きることができるのみでなく、楽しく生きることもできる。楽しく笑うことも！　まずは戦争と勝利のことを理解しないものは、どうしてよく笑い、よく生きることができるだろうか」(『喜ばしき知識』三二四番)

ハイデガーが引くのは「生は認識者の実験となりうるというあの思想」前後の数行である。だが、この思想がなぜ、このアフォリズム最後の「戦争と勝利」の思想につながるのか、いまひとつはっきりしない。ハイデガーもここは引いていない。しかし、ニーチェのある種の受容も、ハイデガーのナチス時代の振る舞いも、このはっきりしない部分を考える必要を残している。

ナチスとの関わりで戦後追いつめられたハイデガーは「われわれのシュヴァーベン地方から西欧の精神が目覚めるでしょう」などとお笑いぐさでしかないことを書いている。(34) ニーチェは最初は「ドイツ」を語っていたが、最後にはドイツを毛嫌いするようになる。この違いも重要であろう。「京都」を語り続ける戦後の京都学派がニーチェよりもハイデガーを好むのもわかるというものである。

(1)　Heidegger, Martin, *Nietzsche*, 2 Bde., Pfullingen, 1961, Bd. 1., S. 76. 以下の引用は著者(三島)の独自訳である。既訳書には細谷貞雄監訳『ニーチェ』全二冊(平凡社ライブラリー、一九九七年)がある。

(2) これについては拙著『ニーチェ以後』(岩波書店、二〇一一年)の序章「ニヒリズムとナルシシズム――『ニヒリズム克服』についての京都学派の妄想」を参照。
(3) Misch, Georg, *Lebensphilosophie und Phänomenologie*, Leipzig und Berlin, 1931, S. 1.
(4) Picht, Georg, Gewitterlandschaft, Erinnerungen an Martin Heidegger. In: *Merkur*, Oktober 1977〔「嵐の風景――マルティン・ハイデガーの思い出」、『メルクーア』一九七七年十月号〕, S. 960-965.
(5) ドイツ語版『ハイデガー全集』第一九巻五ページ。Heidegger, Martin, *Gesamtausgabe*, angelegt auf 102 Bde., Frankfurt, seit 1975. 以下の引用はこれによる。
(6) これについては拙著『ベンヤミン』(講談社学術文庫、二〇一〇年)参照。
(7) ドイツ語版『ニーチェ全集』第七巻一五六ページ。Nietzsche, Friedrich Wilhelm, *Kritische Studienausgabe*, herausgegeben von Ciorgio Colli und Mazzino Montinari, 15 Bde., Berlin, 1980(普及版、通常ＫＳＡと略される)。以下の引用はこれによる。
(8) 同前四〇八ページ。
(9) ハイデガー『存在と時間』原書三九五ページ。Heidegger, Martin, *Sein und Zeit*, 1. Aufl., 1927. 以下の引用は著者(三島)の独自訳である。既訳書には熊野純彦訳『存在と時間』(岩波文庫、全四冊、二〇一三年)がある。同書第四分冊二九九ページ。
(10) 同前原書三九六ページ。熊野訳書第四分冊三〇五ページ。
(11) ドイツ語版『ニーチェ全集』第七巻二八四ページ。
(12) 同前二五三ページ。

(13)「ワーテルローの戦いは、イートン校の運動場で勝ち取られた」というウェリントン公爵によるとされる文章をもじって、「セダンの……」という表現がドイツで広まったが、実際には一八六六年の普墺戦争中のサドヴァの会戦での圧倒的勝利に際して、プロイセンの国防大臣ローン将軍が言ったとされている。

(14)『存在と時間』原書一二七ページ。熊野訳書第二分冊一一七―一二一ページ。

(15) Gadamer, H.-G., *Wahrheit und Methode*, 2. Aufl.〔『真理と方法』第二版〕, Tübingen, 1966, S. 56-66. Sauerland, K., *Diltheys Erlebnisbegriff, Entstehung, Glanzheit und Verkümmerung eines literaturhistorischen Begriffs*〔『ディルタイの体験概念――文学研究上のある概念の成立と栄光と劣化』〕, Berlin, 1972.

(16) これについては杉田弘子『漱石の『猫』とニーチェ』(白水社、二〇一〇年)参照。

(17) Löwith, Karl, *Von Hegel zu Nietzsche*, Hamburg, 1995, S. 128(三島憲一訳『ヘーゲルからニーチェへ』岩波文庫、全二冊、二〇一五・一六年、上巻二六四ページ)。

(18) ドイツ語版『ニーチェ全集』第一巻八七七ページ。

(19) ドイツ語版『ニーチェ全集』第一一巻一六四ページ。

(20) 同前六九九ページ。

(21) ドイツ語版『ニーチェ全集』第一三巻三〇一ページ以降。

(22) ドイツ語版『ニーチェ全集』第一二巻二五六ページ以降。

(23) 同前三五二ページ。

(24) ドイツ語版『ニーチェ全集』第一一巻六一〇ページ。

(25) Heidegger, Martin, *Nietzsche*, Bd. 1., S. 26–28.
(26) a. a. O., S. 467.
(27) ドイツ語版『ニーチェ全集』第一二巻三一二ページ。
(28) a. a. O., S. 27.
(29) ドイツ語版『ハイデガー全集』第七巻一〇四ページ。
(30) ドイツ語版『ニーチェ全集』第一三巻一九〇ページ。
(31) 同前一八九ページ。
(32) ドイツ語版『ニーチェ全集』第一一巻六二四ページ。
(33) Heidegger, Martin, Einleitung zu: ›Was ist Metaphysik?‹ In: Heidegger, Martin, *Wegmarken*, Zweite〔「『形而上学とは何か』への序言」、『道標』第二版所収〕, erweiterte und durchgesehene Auflage, Frankfurt, 1978, S. 361.
(34) ドイツ語版『ハイデガー全集』第一六巻三九六ページ。一九四五年九月一日付けのシュターデルマンへの手紙。「シュヴァーベン地方」とはハイデガー自身が生い育った南ドイツの農村地域。

第三章　フーコーのニーチェ

「ニーチェは、哲学の固有の活動は徴候を診断する活動でもあることを発見したのです(1)」
──フーコー

ニーチェについてフーコー(一九二六―八四年)は、あるインタビューでこう述べている。「私は単純にニーチェアンです。そしていくつかの点に関しては、できるだけニーチェのテクストの助けを借りて、だがしかし、反ニーチェアンのテーゼの(とはいえ、それはそれでまたニーチェアン的なのですが!)助けを借りながら、これやあれやの分野でなにをなしうるかをできるだけ見つけようとしています。私はほかのことは求めていませんが、この点は本気で追求しています(2)」

近代における「狂気」や「異常者」の排除を問題視し、刑罰の個人化とそれに伴って個人を縛る、彼言うところの「規律権力」なるものを論じたフーコー。古典主義時代から人間中心主義への変化を濃密に描き出した理論家にして博学の歴史家、いたるところにうごめく権力の所在を冷徹に描き、セクシュアリティの「解放」そのものも知への意志の産物であることを両義的に論じるコレージュ・ド・フランスの「思考システムの歴史」の教授、精神病「患者」、犯罪者、同性愛者、浮浪者、女性、マイノリティ一般に潜む隠れた知を重視し、彼らとの複雑な連帯に賭けたフーコー。正常と異常の、男性と女性の線引きを構築されたものとして暴露するフーコー。その彼と、転向した元ヴァグナー狂にして、挫折した元バーゼル大学古典文献学教授のニーチェ。普遍主義道徳を弱者のルサンチマンと看破し、力と美の融合を説くニーチェ。普遍主義を通じて強者の位置を得た元弱者が作るのが民主主義であるとするニーチェ。しかもその逆説、つまり民主主義における隠れたエリート構造をシニカルに見るニーチェ。この両者をつなぐ糸目はどこに見えるのだろうか?

第一節　人間に関する基礎概念の再検討

それは、近代において自明とされているさまざまな概念や価値の体系からその自明性を奪い、問題視することである。また、同時に社会が危険視し、排除しているものを、どうしてそういうことになったか、その成り立ちを問うことであった。いささか文学的に言えば、ニーチェが多大なナルシシズムとともに駆使する斜に構えて見る感性といってもいい。

近代、それも十八世紀の啓蒙期以降において、それぞれ敵対し合うさまざまな議論の基礎に共通する自明の概念がある。いわく「歴史」、いわく「人間」、いわく「著者」、いわく「作品」などなど。「真理」や「正常」も、「主体」や「意識」も含めていいだろう。そうした概念があるからこそ、さまざまな論争や対立が可能となっていた。だが、「思考システム」の歴史家ミシェル・フーコーは、そうした概念の自明性を根本から揺さぶった。そしてこの揺さぶりにあたってフーコーは、ニーチェからいわば思考の方法とでもいうものをいろいろなかたちで、しかも個々の専門分野を超えた議論を展開するかたちで受け継いでいる。

例えば、主体という概念は、マルクス主義においても社会全体の認識の主体、革命の主体として自明の前提とされている。同じく刑法学や犯罪学においても、犯罪者を責任能力をもった主体と見なすときに前提されている。フーコーは、こうした幅広く使用される主体の概念と法的議論の関連を疑念に付したリオデジャネイロでの講演「真理と司法の諸形態」でも、ニーチェの名を冒頭部で挙げている。「方法論的考察の点で、ただ一人の名前を挙げることが可能でしょうし、おそらくその方が正直でしょう。つまり、ニーチェの名前です」「ここで私が提案する研究の指標となりうる模範のなかでは、ニーチェの仕事こそが、最も優れた、また最も有効な、そして最もアクチュアルなものだと思われます(3)」。

主体や真理をはじめとして、さきにあげた概念群は、一人一人が個人という理性を備えた一個の存在であり、それ自身としてひとつの全体性を形成している。しかも、そうした個人は社会という全体の一員であり、個人と社会の相互交渉のなかで、さまざまな矛盾や対立をそのつど乗り越えながら歴史の動きが進行する。そしてその歴史の全体は、個人の理性とパラレルに捉えることが可能である、という弁証法への信仰と結びついていた。ヘーゲルにおいては、それがまたキリスト教の神の歴史と、つまり世界精神の発展、精確に言えば精神の自己認識の進化と同一であった。マルクスも、ヘーゲルにおける精神の過剰を批判こそすれ、そうしたヘーゲルを逆さまにしたと自称するだけで、歴史の全体が理解できる——少なくとも革命の曙のなかですべてが見えてくる、あるいはすべてが見えるはずの前衛(知識人と労働者)には革命の曙が用意できるとする点で、基礎概念の自明性に依拠している点は同じだった。

一九四〇年代後半から五〇年代前半の時代風潮のなかで知的営為を始めたフーコーも自ら語るとおり、当初はヘーゲリアンだった(4)。フランス共産党に入党していたこともある。もっとものちには、「私は一度としてマルクス主義者であったことはない」とも言っているが(5)。

だが、十八世紀以降の「狂人」の排除を論じた『狂気の歴史』(一九六一年)や、同じく人間科学としての『臨床医学の誕生』(一九六三年)を辿ったフーコーは、比較的初期の仕事を通じて、こうした歴史のヘーゲル的な構図の代わりに、歴史哲学的物語の連続性に解消されない個々の断絶を、発展図式なるものでは捉えきれない痕跡を、大きな流れよりもひょっとして重要なローカルなエピソードを無数に組み合わせる、彼の言う「部分的方法論」を採用するようになった。

もちろん、近代における狂気の排除といった理性批判的なテーゼ自身がまた、これまでの理性の物語とは違うひとつのお話の流れを作る傾きがあることは否定しがたいが、それでも哲学者のテクストよりは、田舎の小さな裁判所の判決文、フランス革命のような「世界史的事件」よりは、小さな学会のテーマや病院の診断記録の方を重視する姿勢が新たな方法のあり方を物語る。連続性よりは断絶を、発展よりは分野間の偶然とも思える対応を、「哲学者の誰それが考えたところでは」よりは、「そういうものとして知られていた」に着目するこの方法のあり方は、戦後のフランスに支配していたヒューマニズム神話への反発にも由来していた。ファシズム崩壊のあとのレジスタンス神話とヒューマニズム路線、社会主義の夢に耽る議論が、サルトルを中心にパリを支配していた。それゆえフーコーはワルシャワやウプサラ(ストックホルムの北)といった当時の知的中心地でないところに逃避して、自らの文化を異化して見る、いわゆる「自文化のエスノロジー」を試みていた。主流派の中で大きな声で自由や民主主義が自慢げに語られるときには、もっと重要なことが隠蔽されているという直感があった。この点で、自分たちを歴史の頂点と見てうぬぼれている「教養俗物」を批判したニーチェとも似た神経のあり方であろう。

こうしたヒューマニズムの文化は、人間について無数のディスクール(言説)を積み重ねる。医学や生物学、法律学や経済学、社会学や哲学といった、人間を対象にする学問が膨大な文献を生み出す。だが、フーコーがあるインタビューで言うとおり[6]、この「人間の誕生」にははじめからパラドックスがつきまとっている。なぜなら、すでにデカルト以来そうだが、研究対象であるはずの「人間」が同時に、いっさいの認識の起源であり、認識のプロセスを起動する主体でもあるというのは、奇妙な逆説、無理な自己二重化ではないだろうか。今では脳髄が脳髄を研究しているという逆説の始まりである。

人間中心主義がこのようにいささかの欺瞞と背理を宿しているという直感は、やがて「主体の消滅」という『言葉と物』(一九六六年)の最後のテーゼに至る。この本では、近代初頭の古典主義時代に「類似性」が、バロック期に「表象」が、知の産出の枠に、つまりディスクールの編成となっていたのに対して、一八〇〇年頃から「人間」がその枠にとって替わった、そのつどの断絶がテーマである。そのつどの知の枠組みは、トーマス・クーンのパラダイム概念もそうだが、当事者には知られることはない。「認識主体と認識の対象のあいだの、事前に存在する、共有されない存在様式[7]」としての知と、フーコーは、こうしたエピステーメ(体系的知識)の枠組みを形容している。そのつどの知の枠組みの外部、あるいは知の生産規則の外にあるもの、そのつどの思考枠組みでは届かないが、そのつどの思考枠組みを可能にしているもの、そうした外部の他者が、こうした時代ごとの断絶を引き起こす。

その意味ではハイデガーの「存在の歴史」が人間の知には届かない変化をもたらすのと同じような思考様式で、近代批判は「人間」についてのディスクールの批判として、有名な最後の文章となる。「こうした事態のありようが、現れたのと同じようにいずれ消えるなら、……ちょうど十八世紀の境目に古典的思考の基盤が揺らぎだしたように揺らぎだすなら、いずれ人間が海辺の砂浜に書いた顔のように消滅するのは、十分に賭けてもいいことだろう(8)」。

第二節　知の考古学——哲学的時代診断

とはいえ、『言葉と物』の頃までは、ニーチェとの関係で言えば、むしろ近代批判、理性批判に立つ者なら当然行き着く考え方のゆえに、似通ったところが見える程度にすぎなかった。だが、ディスクールが、「権力や欲望という非ディスクール的な条件に服している(9)」ことを論じ、真理と非真理の、正常と異常の区別の偶然性と恣意性を問題とした一九七〇年のコレージュ・ド・フランスの教授就任講演などは、ニーチェからの刺激抜きには考えられない方法的思考となった。一九七一年の「ニーチェ、系譜学、歴史学」も彼がニーチェから方法の多くを受けていることを明確に示している。ディスクールも単に言語的性格ではなくなり、「闘争」――「論争と戦略」から成る「闘争」――となった。(10)

その少し前、フランスは、激しい学生叛乱の嵐が吹いた。同じく学生運動が燃え盛ったドイツでは、快楽論からニーチェを時々引く亡命知識人のマルクーゼが読まれた以外に、それまでニーチェはナチスとの絡みでむしろ批判の対象であったが、フランスでは急進左翼の文化批判にランボーと同時にニーチェが広く引かれた。この頃のフーコーには、ニーチェにはじまりフロイトを経てライヒにつながる抑圧からの解放としてのセクシュアリティという議論も散見する。だがやがて、先に触れたように、いささか月並みな「性の解放」よりは、ニーチェに由来する権力に関する思考が優先するようになる。それに伴い、セクシュアリティの解放や充足すら権力の現れと見られるようになる。そして哲学の姿勢として、日常の些細なこと、一見すると非哲学的なことから時代の枠組みと、そこにおける知の生産、われわれを縛る知の生産を問題視する姿勢がよりいっそう強調されるようになる。

フーコーはインタビューでニーチェについてこう述べることになる。

「ニーチェにとって哲学することはさまざまな分野での一連の活動や作業のことでし

た。つまり、ギリシア悲劇を描くことも哲学することでしたし、また、文献学や歴史学にかかわることも哲学することでした。さらにニーチェは、哲学の固有の活動は徴候を診断する活動でもあることを発見したのです」「今日のわれわれはいったいなんなのだろうか、と」

「ここでいう『今日』とはいったいなんなのだろう？　このような診断的活動はニーチェにとって、自分自身の足下を掘り下げて行く仕事と結びついていました。彼は、思考、ディスクール、文化からなる彼をとりまくこの宇宙がかつてどのようにして成立したのか、それを確認することを欲していました。ニーチェは、多少なりとも忘れ去られてしまった新たな対象を哲学に提供したのだと私は考えています。……ニーチェが私に実際にどのくらいの影響を及ぼしたかについて精確に言うことは、私には難しいです。この影響がきわめて深甚であることを私は知っているだけに難しいのです。私に言えることは、ニーチェを読む前の私は、イデオロギー的には『歴史主義者』であり、ヘーゲル主義者であったということだけです」(11)

ヘーゲルを受けた、主体の哲学者マルクスからの距離も明らかとなる。「もうマルクスはやめてほしいんだけど。あのお方の話はもう聞きたくないなあ」と軽くいなすようになる。(12)一九七五年のことである。

逆に、「私の考えでは、いくつかの分野で可能な〈哲学的〉活動の一定のタイプがあります。つまり一般的に言えば、一つの文化の現在の診断を行うという活動です。これこそ、われわれが哲学と呼ぶ個人に帰属する真の機能かと思います」と述べる。(13)

フーコーの解説はこのくらいにして、彼自身が引いているニーチェの言葉を中心に見ていこう。まずは道徳研究についての微細なものへの視角を重視する言葉だ。『喜ばしき知識』から引用する。

「勤勉に研究したい者たちにとっての課題——道徳的なことがらを研究しようとする者たちには、巨大な仕事の領野が広がっている。彼らは、ありとあらゆる種類の情熱を徹底して考察しなければならない。また、いっさいの時代、民族、偉大な人々、卑小な人々のひとつひとつを調査しなければならない。彼らのいっさいの理性、彼らのいっさいの価値評価と事物にあてる光、それらいっさいを白日の下に曝さねばならない。人生に彩りを与えていたこれらいっさいについての歴史はこれまでまだ存在していない。あるいは、いったい愛の歴史はどこで書かれているというのか？　それ以外にも、物欲の歴史、嫉妬の歴史、良心の歴史、敬虔の歴史、残虐の歴史もどこにあるのだろうか？　法の比較史ですら、あるいはただの刑罰史ですら、これまでのところまったく存在していないではないか。一日の分け方のさまざまな方式について、あるいは労働の、祝祭の、余暇の規則の定めなどが研究の対象となったことがあるだろうか？　食事の内容が道徳にどのような影響を与えるか、果たして知られているだろうか？　栄養の哲学が存在しているだろうか？(菜食主義の可否に関する大騒ぎの議論が現れては消え、消えては現れるのを見ると、こうした栄養哲学が存在していないことは明らかだ)　たくさんの人間が一緒に暮らすことについての経験、例えば修道院の経験などがすでに収集されていると言えるだろうか？　学者や商人、芸術家や職人の風俗習慣などがあるが、これらについて考える思想家がいまだかつていただろうか？　こういうことについて考えるべきことは山ほどあるのだ。これまで人間たちが自分たちの『生存条件』と見ていたもの、またこうした見方におけるいっさいの理性、情熱、そして迷信――こうしたいっさいはすでに最後まで研究されつくしているのだろうか？」

残虐のテーマ化もさることながら、食事や風俗にも目が行くことが重要だ。ニーチェはさらに続ける。

「人間のいろいろな衝動がそれぞれ異なった道徳的風土しだいで増大する度合いのさまざまな違い、これを観察し、考えるだけでも、最も勤勉な人にとってすらあまりにもなすべきことが多すぎる。この問題に関して観点や材料を集め尽くすには、何世代もの、計画的に共同作業する学者たちが必要だ。同じことは、道徳的風土がさまざまに異なる理由を示すことについても言える(『道徳的な基礎的判断と重要価値の尺度の太陽を見ると、ある地点ではあの太陽が、別の地点では別の太陽が照っ
ているが、それはどうして

なのだろうか？』)。さらにはこうした根拠や理由のまちがっていることを、またこれまでの道徳的判断の本質のいっさいを確認するのは、さらに別の新たな作業となる。仮にこうした仕事のいっさいがなされたとしても、そこでこそいっさいの問いのなかで最も微妙な問いが前面に現れてくることになる。つまり、こうした研究をする学問が果たして、行為の目標を与えることができるか、という問いである。学問はさまざまな目標を取り上げ、また解体しうることが明らかになっているだけにいっそう微妙な問いと言わねばならない。とすると、ここでこそ実験が必要となろう。この実験ではありとあらゆるヒロイズムが満足を得ることだろう。これまでの歴史におけるいっさいの偉大な仕事や自己犠牲も、その影を薄くしてしまうほどの何世紀にもわたる実験が必要となろう。これまで学問はこうした巨人の建物をまだ立てていない。だが、その時もくるにちがいない」(『喜ばしき知識』七番)

フーコーが、ニーチェ論で引くこのアフォリズムは、まさに本人自身の知の考古学のプログラムと言ってもいいほどだ。次のアフォリズムもフーコーが引くものである。

「探究者と誘惑者。学問には、それさえ身につければすべての知が得られるといった方法があるわけではない！　われわれはちょっと試みに事物(Dinge)とつきあう方法を会得しなければならない。事物にたいしてあるときは悪意に満ちた、あるときは好意に溢れた対応をしなければならない。事物に対するときに、公平、情熱、冷酷を交互に取り替えねばならない。あるときは事物とは警官として話し、また別のときは、告白を受ける司祭として、さらに別のときには、さすらいの旅人や好奇心に溢れた存在として話すのだ。ときにはシンパシーを示しつつ、ときには強引に。そうすると、事物からなにか聞き出せるだろう。事物によっては畏敬の念をもって接すると秘密に辿りつけ、認識にいたるときもあれば、場合によっては秘密を解き明かすのに、暴露やいたずらが役立つときもある。われわれ探求者は、すべての征服者、発見者、航海者、冒険家たちとおなじに、道徳的には大胆不敵であり、悪漢とされるのを我慢しなければならない」(『曙光』四三二番)

こうした「研究」を支える直観、すべては今と違ってもいいのではないか、今の状態とそれを支える基礎概念の体系は、なんらかの恣意によってできているのではないか、真理と誤りの、善と悪の境界は、国と国の境目と同じに、さまざまな偶然によって引かれたものかもしれない、という問題感覚は、フーコーがニーチェと共有するものだった。構築主義的感性と言ってもいい(14)。われわれがものを見る基本的枠組みはどこかで仕組まれているのではないか、ということである。サイードがオリエントという概念の構築を語ったのも、こうした議論を下敷きにしてのことだろう。ニーチェは語る。「オリエント〔東洋〕とかオクシデント〔西洋〕といったところで、その区別は、私たちを怖がらせるために、誰かが引いたチョークの線でしかない」(「教育者としてのショーペンハウアー」第一節)。整って見えるもののなかに裂け目が、崩壊の契機が、転覆の動因が潜んでいると見る考え方でもある。

ここでニーチェが「事物 Dinge」と言っていることが重要である。人間、風俗、習慣、精神、宗教などの大きな言葉を避けている。いやそうした大きな言葉も、ニーチェが「トリノからミラノまでの」[15]旅で感じる湿度の変化といった事物と同じ次元だというのだろう。

「こうした小さな事物(diese kleinen Dinge)——栄養、場所、気候、休息、あこがれについての症例研究のいっさい——は、これまで重要とされてきたいっさいのことどもよりも、想像を絶して重要なのだ。まさにこの点でわれわれは学び直さねばならない。人間がこれまで真剣に考察してきたことどもは、現実でさえない。ただの思い込みでしかない。もっと厳しい言い方をすれば、嘘だ。病んだ、最も深い意味で有害な性質の本能に由来する嘘だ。『精神』『霊魂』『美徳』『罪』『彼岸』『真理』『永遠の生命』などというこうしたいっさいの概念は……。しかし、これまで人々は、こうしたもろもろの概念のうちに、人間本性の偉大さを、その『神性』を探し求めてきたのだ……。最も有害な人間を偉大な人間と見たことで、また、『小さな』事物、つまりは、生きて行く上での最も基礎的な事項を軽蔑するように教えたことで、政治、社会秩序、教育のいっさいの問題が根本にいたるまで、偽りのものとなってしまった」「われわれの目下の文化はき

わめて両義的なものとなってしまった」(『この人を見よ』「なぜ私はかくも賢いのか」一〇節)

次の文章では、最も近くの事物を無視した形而上学に沿った生き方など本当は誰もしてこなかったとニーチェは言う。

「言葉の使い方と現実——人間たちが実際には最も重視しているいっさいのものに対する欺瞞的な軽蔑というものがある。つまり、最も近くにあるいっさいの事物(Dinge)に対する軽蔑である。例えばよくいうことだが、『生きるために食べるのだ』というのは、とんでもない嘘である。それは、欲情の本来の目的は子どもを作ることにあるというのが嘘なのとおなじだ。逆に、『最重要な事柄』の重視というのが本気だったためしはまずいちどとしてない。確かにこの分野では、司祭と形而上学者たちが欺瞞的で大仰な言葉使いにわれわれが馴染むように仕向けてきた。しかし、彼らといえどもわれわれの気分をその方向に変えることまではやはり無理だった。われわれの心情は、やはりいわゆる重要な事物はあまり本気にとらえず、むしろ軽蔑されている最も近くの事物(die nächsten Dinge)を重視してしまうのだ。——この二重の欺瞞がもたらすいまわしい結果のひとつはなんといっても、食事、住居、衣服、交際といった最も近くにある事物を、とらわれることなく、広く思考し、作り直すことをたえずするための話題にしてこなかったことである。それどころか、こうしたいっさいは下品なこととされ、知的かつ芸術的に真剣にむきあうものとなってこなかった。結果として、習慣と軽薄が、思慮の乏しい人たちに、特に経験の乏しい青少年に簡単に勝ってしまっている。他方で、身体と精神のきわめて単純な法則にわれわれがたえず違反しているがゆえに、われわれ皆、老いも若きも恥ずかしいほどの依存症と不自由に埋没して行くのだ。つまりは、医者、教師、そして司牧関係者への依存症、基本的にはまったく不必要な依存症に陥るのだ。彼らのプレッシャーが社会全体にのしかかってしまっている」(『漂泊者とその影』五)

「医者、教師、そして司牧関係者への依存症」――フーコーが司牧権力について述べていることが思い起こされる。

「およそ哲学というものは、これまでだいたいにおいて肉体の解釈にすぎず、肉体の誤解であったのではなかろうかと、私は実にしばしば自問した」(『喜ばしき知識』前書き二番)

「一人一人の力が弱まると、あるいは彼が疲労を感じ、病気だと思い、憂鬱であきあきしてくると、そしてそれゆえに一時的に欲望や望みが失せてくると、その人は比較的よい人間となる。つまり無害な人となる。そして彼のペシミスティックな心情は今では言葉と思想を通じて発散される以外にない」「こうした状況で彼は思想家になり、真理の到来を告げる者となる。あるいは彼は自分の迷信をさらに紡ぎ続けることになる」(『曙光』四二番)

世紀末の生命主義的ニーチェ理解を継承したクラーゲス(一八七二―一九五六年、ドイツの哲学者・心理学者)も、そのニーチェ研究の中で、この「身近な事物の発見」をニーチェの「功績」として、一章を割いている。[16] 小さな事物を重視するニーチェのこうした面を受け継ぎながら、フーコーはリオ講演でこう述べている。まさにニーチェが語っているかのようだ。「歴史家は卑小なもの、うすぎたないものを恐れてはなりません。なぜなら大いなる事物といえども、卑小でうすぎたない事物から、一歩一歩育ってきたのですから。根源を高貴と見る思考に対して、それゆえわれわれは、こうしたでっちあげ、おもいつきにともなう言いようのない卑小さを見せねばならないのです[17]」。

根源的なものを「おもいつき」もしくは「でっちあげ」とする発想は、ここでも言われているとおり、フーコーがニーチェからじかに受けた用法である。例えば、彼はニーチェの次の一節を引く。「誰か、この地上でさまざまな理想がでっち上げられたときの秘密の奥底まで降りて覗いてみる気があるだろうか。……理想がでっちあげられる工房には、嘘の悪臭が立ちこめていると私には思える」(『道徳の系譜学』第一章第一四節)。

第三節　系譜学的思考——力の偶然的配置の偶然的変動

ところで、ある時期までのフーコーは、ディスクールの規則がさまざまな習慣や実践(pratiques)をもたらすのか、実践が、言ってみれば、ちょっとした行為の変化がディスクールを生み出すのか、明確にしてくれなかった。両者の関係は相互依存的にも見えたし、下部構造と上部構造のようにも見えたし、あるいは、構造が出来事を作用させるといったように考えた方がいいとも見えて、いまひとつはっきりしないところがあった。

とはいえ、こうしたディスクールと実践の関係の確定は、「真理への意志」をどう考えるかに密接に関わっている。ある時期まではフーコーは、真なる言説はその裏にある真理への意志を隠蔽することによって機能すると考えていた。そしてこうした「真理への意志」はきわめて近代的なものであると見ていた。フーコーは語る。「真理への意志は、〔近代に入るとともに〕ますます強くなるが、誰もそれについて語らない」(18)。真理への意志が貫徹されるプロセスの研究が知の考古学である。それゆえハーバーマスが指摘しているように、「フーコーは、真理を構成する言説の排除規則を探り出す知の考古学と、その規則の一部をなす実践の系譜学的研究とを区別」していた(19)。「系譜学」とは、真理の規則を生み出す日常のさまざまな動きやその習慣を、例えば権力の発生を掘り起こす作業のことである。真理の方が虚偽よりも好ましいとする価値観が生まれてくるさまざまな回路の発生の研究といってもいい。また、ごく自然に思われていることが、実は偶然の理由から発生したり消滅したりする理由の記述を試みることでもある。次のリオ講演の文章でやさしい言葉で、知の考古学と外在的な実践の系譜学が区別されているとおりである。

「仮説として、真理の歴史はふたつあると言っておきましょう。ひとつは、真理のいわば内的な歴史です。みずからの規則化の原則にしたがって修正されて行く真理の歴史です。これは科学の歴史、あるいは科学の歴史を基盤にして再構成される真理の歴史です。ところがこれと別に、社会には、すくなくともわれわれの社会のような社会には、真理が成立するもうひとつ別の場があるようです。真理が成立し、ある種の規則が確定されるもうひとつの場です。主観性の特定の形態、特定の対象領域、そして特定の知のあり方を成立させるゲームの規則です。ここから真理の外的歴史という可能性が生じます[20]」

科学史に比される真理の歴史はディスクール創出の言語的規則の変遷を明らかにする知の考古学であり、外的歴史は、ディスクールがむしろ結果である、ディスクールを条件づける外的な歴史、つまり系譜学である。

後期になると、もっぱらこの系譜学的な視線が前面に出てくる。それとともに、ディスクールも「戦略」と同義になり、「闘争概念」となる[21]。真理への言説を操る権力の遍在が強調される。そして「巧みに調整された強制力を行使する[22]」。権力は、むしろさまざまな項目の一定の配置のなかから突然に発生する、と考えた方がいいだろう。つまり、さまざまな実践や習慣の組み合わせの構造的関係が生み出す権力効果は、近代にかぎらず、いかなる時代にもいかなる社会にも認められるとされるようになる。同時に「真理への意志」も、ほとんどニーチェ的に、権力の策略のひとつでしかなくなる。だが、それとともに、真理への意志は力への意志のひとつのあらわれであるとするニーチェに沿った議論がいっそうの鋭さを増してきた。

さらにフーコーは理性の偶発性を強調する。リオデジャネイロ講義で引用される「道徳外の意味における真理と虚偽について」という若きニーチェの手稿の一節もそうした偶発性を論じていた(第六章参照)。

「われわれの認識、われわれのありようの根元に真理や存在などというものがあるのではないこと、そこにあるのは、偶然的で外面的なもの(『道徳の系譜学』第三章)にすぎないことを発見することが重要なのだ。それゆえ道徳の尊重するに足りない起源は、あるいはどんなものであれ――そして起源が由来であることは決してない――批判に値するのだ」(『偶像の黄昏』「哲学における理性」一)。これは、フーコーの言葉だ。括弧内は、フーコーがつけたニーチェの著作参照の注である。これを引き受けるかのようにニーチェは言う。

「そしてきみたちが『あるのは、偶然と愚鈍からなる領野だけだ』と結論づけるなら、さらに次のようにつけ加えるのがよかろう。たしかにそのとおり。ひょっとしてこのただ一個の領野しかないのだろう。意志も目的も存在しないのだろう。われわれはそうしたものを妄想していたのだろう。偶然の賽の箱を振る必然性のあの鉄の手は、その戯れを無限に続けているのだろう。そうならば、どんな程度であれ合目的で合理的なあり方にきわめて似て見えるような賽の目が出ることもあるにちがいない。ひょっとするとわれわれの意志の行為も、われわれの目的なるものも、まさにこうした賽の目以外のなにものでもないのかもしれない」(『曙光』一三〇番)

理性や必然性も、そのように見えるものが偶然に生まれただけというのだろう。こうした偶発的な認識、それを支える真理意志がどのようにして成立したのか、それにはどのような意味があるのかをニーチェは執拗に問い続けた。

「理性──理性はどのようにしてこの世界へとやってきたのだろうか？　なんとも当然のことだが、非理性的なかたちで、つまり偶然によってである。この偶然のありようを言いあてられるようにならねばならない。ちょうど謎を解くように」(同一二三番)

「真理を覆うベールを取ったら、真理は真理のままであると考えるのはやめよう。そういうことを信じるには、われわれはあまりにも長く生きてきた」(『ニーチェ対ヴァグナー』エピローグ二)

「真理への意志、今後ともわれわれを多くの冒険へと誘うにちがいないあの真理への意志、どんな哲学者もこれまでうやうやしく語ってきたあの有名な真理への誠実さなるもの。この真理への意志なるものはいったいなんという問いをわれわれに投げかけていることか？　そうした問いはまた、なんといういかがわしい、始末の悪い、問題的な問いであることか？　これにはすでに長い歴史がある。——とはいえ、この歴史はまだほとんどはじまってさえいないのではなかろうか？　それゆえわれわれがついに不信感にとらわれ、しびれをきらし、いらいらと振り返るのも、驚くにあたらないではないか？　真理というこのスフィンクスからわれわれがなおも、問うということを学んでいるとは、なんということだろう！　ここでわれわれに問いを投げかけるのはいったいだれなのだろうか？　われわれのなかのいったいなにが〈真理へと〉到達することを望んでいるのだろうか？——いやまったくわれわれは、この真理への意志の原因を問う問いの前で長いこと止まっていた。だがやがて、もっと根本的な問いの前でわれわれは完全に立ち止まることになってしまった。つまり、われわれは、この真理への意志の価値を問うことになったのだ。われわれが真理を望むとして、それではなぜむしろ非真理をより望もうとしないのか？　さらには不確実を、あるいは無知をすら望もうとしないのだろうか？　真理の価値の問題がわれわれの前に立ち現れて来たのだ。——あるいは、われわれが問題の前に立ち現れたと言うべきだろうか？　われわれのうちのどちらがここではオイディプスで、どちらがスフィンクスなのだろうか？　問いと疑問符のランデブーだ。——そして、この問題はいまだかつて決して問われたことがないかに、あるいは、われわれがはじめてこの問題を問題として見た、問題にはっきりと目を向けた、思いきって目を向けた、というように思えてしまう、そう考えていいのではなかろうか？　なぜならこ

れは思いきった冒険であり、おそらくは、これより大きな冒険はないだろうから」(『善悪の彼岸』一番)

次のアフォリズムもその一部はフーコーがよく引く文章だ。

「哲学者たちの偏屈な性癖がどんなものかあなたは知りたいようですね」「お答えしましょう。例えば、彼らには歴史的感性が欠けている。ものごとが発生し、変貌してくることにすら彼らは憎しみをいだくのだ。ようするに彼らのエジプト根性(変化を憎む固陋な心性)なのだ。彼らは、論じていることがらの歴史を無視し、いわば永遠の相の下に見ることができるなら、言ってみれば当該のことがらのミイラを作れれば、それでこのテーマを十分な栄誉で遇したことになると思い込んでいる。哲学者たちが何千年このかた扱ってきたのは、すべて概念のミイラなのだ。彼らの手からなにか本当に作用するものが生きたまま出てきたことはない。彼らはなにかをあがめるためには、それを殺し、屍体に詰め物をして剝製にしているのだ。この概念の偶像を崇拝する者たちは。彼らがあがめるいっさいは、命の危険にみまわれる。死も変化も老齢も、同じく生殖と成長も彼らに対する反論、それどころか彼らのあり方への反証なのだ。存在するものは、変転しない。変転するものは存在しない」「今や彼らは絶望の淵にまで退きながら、恒常的存在を信じている。ところがこの恒常的存在などは手に入らないので、どうしてそれが得られないかの理由を求めはじめるのだ。『われわれが恒常的存在を得られないのは、なんらかの偽装、いや欺瞞が働いているに違いない。詐欺師はどこにいるのだ？』と彼らは問う。答えはこうだ。『詐欺師を捕まえたぞ』と彼らは、喜び勇んで叫ぶのだ。「詐欺師は感覚だ！　ふだんからきわめて不道徳なこの感覚・官能が真の世界にわれわれが至れないようにだますのだ。そこから得られる教訓、つまり道徳とは、感覚の欺瞞から手を切るべきこと、生成変化、歴史、そして虚偽から離れるべきということになる。歴史とは感覚への信頼以外の、嘘への信仰以外のなにものでもない。彼らが得る道徳的教訓とは、感覚を信頼するいっさいのものにノーをいうこと、自分たち以外の人類にノーをいうこと。単に『民衆』でしかないものにノーをいうこと。哲学者であれ、ミイラであれ、墓掘人をまねて単調な一神論を演じよ！というわけだ。なによりも肉体を捨てよ、官能というこの哀れむべき固定観念(*idée fixe*)を捨てよ。この肉体は現実的であるかのようにふるまうほどにあつかましいが、実際には論理学上のありとあらゆるあやまりにつきまとわれ、すでに否定され、ありえないものとされているというわけだ」(『偶像の黄昏』「哲学における理性」一)

形而上学における官能批判への批判は真理の正当性への問いをこの形而上学がなおざりにしてきたことへの批判ともなる。

「学問に対するわれわれの信仰が依拠しているのは、依然として形而上学への信仰だ。今日の認識者であるわれわれといえども、つまり神を知らぬ、反形而上学者であるわれわれといえども、何千年にわたる信仰が灯っていたあの灯し火からわれわれの炎をもらっているのだ」「『だが、神自身がわれわれの最も長期にわたる嘘であることが明らかになったとしたら、どうなるだろうか？』」「この問いに即して大昔の、そして最近の哲学者たちを見てみるがよい。彼らには、真理への意志がどうして正当化を必要とするかの意識が欠如している。ここにはいっさいの哲学における欠陥が見える。なぜそういうことになっているのだろうか？　それは、これまでのいっさいの哲学を支配していたのが禁欲主義の理想だからだ。真理が存在として、神として、最高の審級として設定されていたからだ。また真理そのものが問題になることがあってはならなかったからだ。禁欲的理想の神が否定されたその瞬間から、新しい問題が生じるのだ。それは真理の価値という問題だ」（『道徳の系譜学』第三章第二四節）

「あとづけの理性。長く存続しているものはすべて、少しずつ理性が染みこんできて、それらがもともとは非理性に発しているなどとは想像がつかないように思えてくる。なにごとかの発生に関する厳密な歴史はすべて感情にとって逆説的かつ忌まわしく聞こえないだろうか？　結局のところ、良質の歴史家というのは、たえず反論する人なのではなかろうか？」（『曙光』一番）

こうなると、理性の登場も、理性のあり方の交代も権力の作用による偶然的なものでしかなくなる。例えばローマ末期に剣闘士の試合が禁止されたのは、キリスト教の影響の結果そうなった、という通説があるが、それはキリスト教ヒューマニズムによる歴史記述に固有の思い込みでしかなくなる。権力の編成が別のそれに替わっただけである。ヒューマニズムも同じく、特定の権力のあり方による規制でしかなくなる。

セクシュアリティも、権力によるディスクール化の結果として生じたものだ。十九世紀になってはじめてこの「セクシュアリティ」という言葉が生じたことが、そのなによりの証左である。マルクーゼに典型的なようにセクシュアリティの解放を目指す議論が二十世紀後半には多かったが、実際にはこの概念、この問題そのものが権力の狡猾な所産だったことは、『性の歴史』(*Histoire de la sexualité*)で主題化されている。この本のドイツ語翻訳のタイトルは、著者フーコーのたっての希望で『性と真理』(*Sexualität und Wahrheit*)という表現になっている。フーコーの意向を無視して出版社がつけたフランス語のタイトルよりも、セクシュアリティ自身が真理という政治の産物であることがはっきり読み取れる。

第四節　認識という実験——謀反的知性と連帯の問題

フーコーが指摘する『道徳の系譜学』の一節も読んでおこう。

「刑罰というものは、罰するために生み出されたと想定されたのだろう。しかし、どんな目的も、どんな有用性なるものも、ひとつの力への意志が自分より力の乏しいなにものかを支配するようになり、そのなにものかになんらかの機能的意義をみずから刻印したことの徴候でしかないのだ。そしてある『モノ Ding』の、ある組織の、ある習慣のいっさいの歴史は、こうして見ると、そのつどの新たな解釈と調整の連続的な記号の鎖でしかない。こうした新たな解釈や調整のもろもろの原因どうしはなんらかの緊密な連関をもっている必要はない。むしろ、場合によってはまったく偶然につながって現れ、相互に交代し合っているだけなのだ。あるモノ(Ding)の、ある組織の、ある習慣の『発展』なるものは、こうして見るとなんらかの目的なるものへと向かう進展などではなく、また最小のエネルギーとコスト投下によって到達された論理的にして最短の進展などでもない。——むしろ、程度に差はあっても深い部分で演じられる一連の征服過程、同じく程度に差はあっても相互に独立した、そうしたモノや組織や習慣において演じられる一連の征服過程にすぎないのだ。さらにそれに、こうした過程にそのつどなされる抵抗、防衛し、反応するために試みられる形態の変容、さらには、反抗運動が成功した時の成果などが加わる」(『道徳の系譜学』第二章第一二節)

「最後の懐疑——人間の真理とは最終的にはなんのことだろうか？——人間による反、

論不可能な誤謬でしかない」(『喜ばしき知識』二六五番)

そのつどの価値の体系は、偶然によって交代し合う解釈体系でしかないとニーチェは繰り返し述べているが、それを受けてフーコーは、この価値体系の交代・変化は、理性の登場と同じに、いかなる規則性もない、偶然の構造的配置が権力として登場するだけである、と次のように述べる。

「解釈が、暴力と策略を使ってある規則の体系を、それ自身としてはいかなる本質的意味も持たない規則の体系を奪取し、それを新たな意志の使用に供し、これまでとは異なるゲームに統合し、これまでとは異なる規則に服せしめることなら、人類の歴史的変化は、解釈の一連の系列以外のなにものでもなくなる。そして系譜学はそうした解釈の変化の歴史とならねばならない。道徳的考え方の歴史、理念の歴史、形而上学の諸概念の歴史、自由の概念の、禁欲的生活の歴史となる。それぞれが、これまでと異なる解釈の成立という意味での歴史である」[23]「なんらかの価値や思想の成立には誰も責任がない、誰もそれを自賛することはできない、それは空虚な中間地帯で起きることなのだ」、とフーコーは歴史の断絶を形容している。[24]

だが、真理への意志のみか、真理そのものが権力の産物であるとしても、こうした認識そのものは、自ら「正しい」「真である」と僭称しているはずである。そして場合によっては、この真理が自分にとって、人類にとってマイナスでありうることも覚悟しているはずである。それに関する悲愴な覚悟もフーコーはニーチェから継承している。「かつて宗教は、人間の肉体を犠牲に捧げることを要求した。知が今日のわれわれに要求するのは、われわれ自身に関して実験をすること、認識の主体を捧げることである」(25)。こう述べながら、フーコーはニーチェの次の二つのアフォリズムを指摘する。

「死すべき霊魂——認識にはひょっとして有用な特徴がある。つまり、霊魂の不滅への信仰が放棄されたことである。今や人類は待つことができる。今はあわてふためく必要がなくなった。かつてのように、あまりよく検討していない思想をなんとか呑み込む必要がなくなった。なぜなら、かつてはかわいそうな『永遠に生きる霊魂』の救いは、短いこの世の生でどのような認識を得るかにかかっていた。明日までに決断せざるを得なかった。『認識』は誠に恐るべき重要性を持っていたのだ！　ところが現在のわれわれは、間違う勇気、試してみる勇気、ちょっとのあいだやってみる勇気を再び獲得したのだ。——いろんなことはもうそれほど重要でなくなったのだ！——だからこそ今や、個人も種族も、昔の時代なら狂気の沙汰に思えたこと、天国や地獄をもてあそぶにひとしく思えたはずの壮大な課題をめざせるのだ。つまり、われわれは自分たちを実験台にしてもいいのだ！　そうなのだ、人類は自分に実験を仕掛けていいのだ。認識にはまだ最高の生け贄が捧げられたことがない。そうだ、現在われわれの行動に先駆けて湧くこうした考えをちょっとでも思うだけで、昔なら神への冒瀆であり、永遠の救いの放棄だ

った」(『曙光』五〇一番)

「認識はわれわれのなかで、いかなる犠牲にもたじろがない情熱へと変じた。最終的には、認識そのものが消えてしまうこと以外にはなにも恐れない情熱へと。人類全体は、こうした情熱の衝動と苦悩によって、これまでより高まり、慰められたと思うにちがいない、とわれわれは真正に信じる。これまでは、野蛮の結果として到来する、より荒っぽい快適さへの嫉妬を人類は克服できていなかった。ひょっとして人類は、この認識の情熱によって滅びるかもしれない! こうした考えに接してもわれわれはびくともしない! キリスト教もかつて似たような考えに怖じけづいたことがあるだろうか? 愛と死は兄妹ではなかろうか? われわれは野蛮を憎む。われわれは皆、認識の退行よりも人類の没落を望む!

そして最後に一言。もしも人類が情熱によって滅びるのでないとしたら、人類は、弱さのゆえに滅びるだろう。どちらを好むだろうか? 人類にとって炎と光の中での最後を望むのか、それともなにもかもだめな空疎な最後を欲しがるのか? これこそが中心的問いである」(同四二九番)

「実際に、自己を完全に認識することによって滅び行くというのが、人間の生の根本的ありようかもしれないほどだ」(『善悪の彼岸』三九番)

のちにフーコーは、レヴィ=ストロース的な構造の思考とバタイユ的なエロスの思考が「主体の消滅」のテーゼへと収斂したと述べているが、エロスと倒錯のオルガスムスにおける「脳天が砕けるような」(バタイユ)主体の霧散、そしてエロスと残虐についてのシュルレアリスム以来の経験が、彼の知の基底に潜んでいる。いやそれ以前に、ベンヤミンが「シュルレアリスム論」で暗示しているようにスタヴローギン(ドストエフスキー『悪霊』の主人公)の強姦殺人とともに、ヨーロッパ・モダニズムの基礎には残虐と宗教的崇高の合一化が潜んでいる。

バタイユへの弔辞にはこう記されている。「死と有限性に囲まれた空疎を埋めるのは今日ではセクシュアリティだけです。神の死後人間はこのセクシュアリティへと『投げ込まれて』いるのです。それを通じて他者への境界突破が可能となるのです」。

「残虐な行為に周りの会衆はいい気持ちになり、普段の不安や用心の暗いおとなしさを振り捨てる。残虐こそは、人類の最古の祝祭の楽しみなのだ。それゆえ、神々も、残虐な光景をお見せすれば、いい気持ちになってくれる、お祭り気分になってくれると考えるのだ。こうして、自ら苦しむ方が、自ら殉教を選ぶ方がよい意味と価値を宿している、という考えが忍び込んできたのだ」(同一八番)

「残虐こそは、人類の最古の祝祭の楽しみなのだ」という『道徳の系譜学』でもなんどとなく繰り返されるこのモチーフは、『監獄の誕生』の有名な冒頭部を思わせる。そこでは十七世紀のパリでもなされていた残虐きわまりない公開の処刑が、人々のあいだに漂う祭礼気分が描かれていた。

プロテスタンティズムはセクシュアリティを小市民化するのに成功したが、その代償も大きかった。セクシュアリティに聖性を見る経験は閉ざされてしまった。カトリシズムには不在の神とともに侵犯とタブー破りに、倒錯とオルガスムスを通じた境界突破の瞬間に神の痕跡を見る経験が可能だった。プロテスタントの牧師の息子のニーチェが、この小市民世界を憎んだのもわかろうというものである。

だが、ニーチェとフーコーには大きな違いがある。牧師の息子として小市民的キリスト教道徳の麻酔剤を、その毒をたっぷり吸い込まされたニーチェは、そこから目を覚まし、口から別の毒を吐き出した。それはまずは、「古代以前の古代」の産物ともいうべきディオニュソス神話であった。そしてそれとは無縁のはずの現代競争社会の中に投影された強者の道徳であった。美と力の融合だった。「力が恩寵を垂れ、可視の世界に降りてくるとき、そのような下降をわたしは美と呼ぶ」(『ツァラトゥストラ』第二部「悲壮な者たち」)。

それに対して、フーコーは先にも述べたとおり、特定の正常と異常の区別のゆえに排除された者、性的マイノリティ、犯罪者、売春婦、浮浪者(26)の固有の知の側についた。反抗的もしくは謀反的知性といってもいい。だが、こうした「連帯」の理論的根拠というものは見えてこない。同じようにニーチェ的強者の側に立つということも理論的にはありうる。好みの問題である。だが、そうした規範的根拠を問うのは、フーコーには不当なのかもしれない。あるいは、彼の知力のあり方には無理なのかもしれない。あくまで、一つの生きる姿勢、すべての問題を彼の意味で哲学的にとらえながら生きる姿勢なのかもしれない。

（1）Foucault, Michel, Paolo Caruso, Gespräch mit Michel Foucault. In: *Von der Subversion des Wissens*〔フーコー、カルーゾー「フーコーとの対話」、『知の造反』〕, Frankfurt, 1987, S. 19.

（2）フーコー「道徳の回帰」、ドイツ語版『フーコー全集——発言集・論集』第四巻八六八ページ以降。Foucault, Michel, *Dits et Ecrits, Schriften*, 4 Bde., Frankfurt, 2001 bis 2005. 以下のフーコーの引用はこれによる。

（3）フーコー「リオ講演」、ドイツ語版『フーコー全集』第二巻六七四ページ。

（4）これについては例えば、Eribon, Didier, *Michel Foucault*, Paris (Flammarion), 1991, Kap. 2, La voix de Hegel〔『ヘーゲルの声』〕参照。

（5）フーコーへのインタビュー「構造主義とポスト構造主義」、ドイツ語版『フーコー全集』第四巻五二八ページ。

（6）前掲『知の造反』一九ページ。

（7）Foucault, Michel, *Die Ordnung der Dinge*〔『言葉と物』〕, Frankfurt, 1974, S. 309. 既訳書

には渡辺一民・佐々木明訳『言葉と物』(新潮社、一九七四年)がある。
(8) Ebenda, S. 462〔『言葉と物』四〇九ページ〕。
(9) Hinrich Fink-Eitel, *Michel Foucault*, Hamburg, 1989, S. 64.
(10) フーコー「リオ講演」、ドイツ語版『フーコー全集』第二巻六七一ページ。
(11) 前掲『知の造反』一九ページ。
(12) Eribon, Didier, *Michel Foucault*, S. 282.
(13) a. a. O., S. 27.
(14) 例えば、社会学の議論でよく引かれるケネス・J・ガーゲンの『あなたへの社会構成主義』(東村知子訳、ナカニシヤ出版、二〇〇四年)五七—六二ページなどでフーコーの構築主義(訳者は「構成主義」を使っているが、本書では「構築主義」にしておく)が論じられている。
(15) ニーチェ『この人を見よ』「なぜ私はかくも賢いのか」二節。
(16) Klages, Ludwig, *Die psychologischen Errungenschaften Nietzsches*〔『ニーチェの心理学的業績』〕, Leipzig, 1926, Kap. 5.
(17) ドイツ語版『フーコー全集』第二巻六七七ページ。
(18) ドイツ語版『言葉と物』一四ページ。
(19) ハーバーマス『近代の哲学的ディスクルス』(三島憲一他訳、全二冊、岩波書店、一九九〇年)第二巻四四〇ページ。
(20) ドイツ語版『フーコー全集』第二巻六七二ページ以降。

(21) フーコー「リオ講演」、ドイツ語版『フーコー全集』第二巻六七一ページ。
(22) ドイツ語版『監獄の誕生』一七五ページ。Foucault, Michel, *Überwachen und Strafen. Die Geburt des Gefängnisses*, Frankfurt, 1976, S. 175.
(23) フーコー「ニーチェ、系譜学、歴史」、ドイツ語版『フーコー全集』第二巻一七八ページ。既訳には伊藤晃訳「ニーチェ、系譜学、歴史」がある(『パイデイア』一九七二年十一月号、竹内書店)。
(24) 前掲『知の造反』一九ページ。
(25) ドイツ語版『フーコー全集』第二巻一八九ページ。
(26) 「浮浪者」に関しては、すでにマルクスが原初的資本蓄積を論じた『資本論』第一巻第二四章で、囲い込みなどの理由で農村から都会に出てきた人々が、いかに不当に「浮浪者」として収容されたり、焼きごてで烙印を押されたのちに都会から追放されたかを描いている。

第四章　ジョルジュ・バタイユのニーチェ

「目的がないというのがニーチェの欲望に固有の事態なのだが、この目的の不在にどうして帰結を与えないでいられようか？(1)」

——バタイユ

第一節　ファシズムと共産主義への距離——至高性の追求

ジョルジュ・バタイユ(一八九七—一九六二年)は、ファシズムと共産主義がせめぎ合う一九二〇年代後半に仕事を始めた。その両者にマックス・ヴェーバー的な意味での目的合理性(2)に貫かれた近代社会を、それとともに欺瞞的にリベラルなブルジョア文化を超える可能性を求めたが、同時にこの二つの対案の限界も見定めていた。それゆえか、ナチス占領下のパリにあって、ファシズムも共産主義も果たしえない可能性を、近代的な桎《しっ》梏《こく》を突破する可能性を、エロティシズムや倒錯の極限に求めていた。エロティシズムそのものへの埋没よりも、そうした問題群についての膨大な著作によって求めた。

バタイユは、近代資本主義社会の隅から隅に、セクシュアリティにいたるまで(そういえば、ホルクハイマー、アドルノの『啓蒙の弁証法』にもセックスにおける、スポーツ同様の業績中心主義への批判があった)、いや死にいたるまで浸透している目的合理性への反抗を、セクシュアリティや死という自我の箍《たが》が外れる経験を通じて、しかもその経験を描くことの不可能性を描くことを通じて貫徹しようとした。それは、彼が至高性(souveraineté)と呼ぶなにものかを喚起することによるのだった。描くことの不可能性を描こうとするなら、当然、日常的な意味での正常な言語を限りなく混乱させた文章ともなる。意味不明の文章が多いのは、そのためだ。

至高性とは、特定可能ななんらかの領域でもなければ、記述可能な具体的な経験でもない。彼が「脳天が砕けるような」と形容するセックスの極致でもあれば、彼がよく引く北米インディアンの無限贈答(ポトラッチ)にも暗示されている個別性の解体でもある。「至高性は反抗だ。それは権力の行使ではない。真正な至高性は拒絶する……」(3)。その否定神学的な到達不可能性は、ハイデガーの「存在」を思い出させるし、アドルノの「非同一的なもの」とも無縁ではない。そうした中で多用される概念は、先に触れた「至高性」であり、「極限状態」と「蕩尽(消尽)」であり、「侵犯」である。また「供犠」であり、「聖性」であり、エロスと死であり、そしてなによりも「異質性」と「総体性」であり、「宗教」と「神の死」である。

こうした問題群を考えるにあたっては、いや、それよりもこうした問題群に導かれるにあたって、若い時から読んでいたニーチェの役割が大きかった。『内的体験』『有罪者』『ニーチェについて』という、ドイツ軍占領下のパリで書きのちに『無神学大全』に収められた著作群は、ニーチェの思考をデュルケーム以来の宗教社会学、そしてマルセル・モース以来の人類学と接合させつつ、国家や社会という制度の内部の、制度によって保障された自由(言論の、職業の、結婚の自由など)でなく、制度の外の美的かつエロス的な自由への憧憬を無限に変奏したものである。

ハイデガーが講壇哲学の用語にニーチェを回収し、縮減し、単純化したとすれば、こうした著作群においてバタイユは、ニーチェを人類学や社会学、宗教学や芸術論が切り結ぶ場へと移植し、拡大した。現代思想家のあいだで最もニーチェと切り結んだのはバタイユであろう。彼は、パリの国立図書館の司書としてベンヤミンとも交流があり、パリを離れて亡命行に出るベンヤミンから『パサージュ論』関係の原稿を預かったことでも知られている。

まずは、宗教と芸術における秩序と無秩序の関連にニーチェを位置づける、バタイユ本人の次の文章を引いてみよう。

「かつて、集団のにしろ、個人のにしろ、極限の状態は、さまざまな目標によって動機づけられていた。これらの目標の内いくつかはもはや意味を失なった(贖罪、救済の場合だ)。集団の善は、〔宗教的な犠牲のような〕今ではもはや効果の疑わしい手段によっては追求されず、〔戦争や経済行為のような〕直接、行動によって追求されている。こうした状況にあって極限の状態は、芸術の領野に移った。このことは不都合なしには進まない。かつての信仰生活に、文学(虚構)がとってかわり、現実の恍惚状態に詩(言葉の無秩序)がとってかわった。芸術は行動の外部に小さな自由の領域を作ったが、その自由とひきかえに現実の世界を放棄したのだ。この代償は甚大である」「ある意味ではたしかに芸術の領野は総体性を包摂している。しかしどのみち総体性はこの領域から離れてゆく。ニーチェは、およそこの困難を解決するどころではなかった」「彼は四方八方駆け回って解決策を探した。いかなる目的も持たないこと、そして、原因となって何かの役に立たないこと、このアリアドネの糸[4]をニーチェはけっして見失わなかった。彼は、原因(=動機)が翼を断ち切るということを知っていた。しかし他方、原因(=動機)がないと人は孤独に打ち捨てられる。孤独、これは、砂漠の病いなのだ、巨大な静寂の中に消えてゆく叫び声なのだ……。私が求めている思想理解もまた間違いなくニーチェの場合と同じ解決策不在の地へ人を引きずりこむ[5]」

「原因となって何かの役に立たないこと」「彼は、原因(=動機)が翼を断ち切るということを知っていた」という表現は、わかりにくいが、特定の目的を志向した行動の原因とならないということだろう。主として生き延びるための再生産活動は至高性とは遠いということである。「人間の活動は生産と再生産のプロセスであるという具合に完全に切り詰めて見ることはできない」という文章をハーバーマスもそのバタイユ論で引いている。(6)

ホルクハイマーが道具的理性と呼んだ生き延びるための行為、ニーチェが理性による自然支配、自己規律と呼んだ反省性によっては、自己と他者の非連続性を超える飛翔は不可能であり、人間は、総体性としての存在ではありえなくなる。犠牲は集団の再生産と持続の儀礼でもあったが、日常のリズムからの離脱でもあった。セックスや死もそうである。「セクシュアリティと死は、枯渇することなき質料を用いて自然が祝う祝祭の頂点に位置するものでしかない(7)」。「死と慣れ親しむためには、淫蕩な観念と死とを結びつけることより以上の良策はない(8)」。

だが、そうした離脱こそは、そして目的なき激烈な行動こそは、人間と人間の非連続性を超えるという直感は、「言葉の無秩序」によってしか表現できない。「ニーチェの場合とおなじ解決策不在の地」を探求する言語である。「実際、ニーチェをこの世界のなかに位置づけることは、困難である。それというのも、かれはあの無際限な場所〔至高性〕を望んでいるからである(9)」。そして原因＝目的の連関で人々と一緒に制度の中で動かない人間は、制度の中でも外でも誰にも理解されない「孤独」に陥る。

バタイユはファシズムとスターリニズムに偽りのリベラリズムの彼岸を見るという意

味で、一定の魅力を感じていたが、ニーチェをナチスの先駆とする理解(二〇二ページ参照)は完全に拒否していた。「人々の面前でドイツ人たちの完璧な俗悪さをはっきり示したニーチェにとって、こうしたヒトラー主義のありようほど無縁なものはない[10]」。「祖国」などという概念は笑止千万である。「われわれにあって祖国は過去の部分なのである[11]」。

バタイユが何度も言及するのは、反ユダヤ主義をニーチェが強烈に嫌った事実である。反ユダヤ主義者のテオドール・フリッツに宛てたニーチェの手紙の一節をバタイユは引く。「だがそれにしても、ツァラトゥストラの名が反ユダヤ主義者たちの口から発せられたら、私がいったいどう感じるかあなたは分かりますか[12]」。ニーチェの影響下にナショナリズムに走る物書きが日本には結構いるが、それほどに知的にずれることがどうして可能なのかは、別個の研究テーマであろう。

第二節　禁欲主義の快楽への批判――神の死

バタイユは上記の著作のいたるところにニーチェからの引用をちりばめている。また、ニーチェの引用を集めた『ニーチェ覚書(*Mémorandum*)[13]』なるものも出しているので、主として彼自身が選んだニーチェの文章を順を追って見ていこう。この章はしたがって、ニーチェのテクストの紹介が主な課題となる。

先に引いた極限状態をめぐる「宗教的残虐」に関する議論のコンテクストで「神の死」をバタイユは捉えるのだが、その関連のニーチェの文章から始めよう。

「宗教的残虐の歴史の長い梯子《はしご》がある。この梯子にはたくさんの段がついている。でもその中で三つの段がきわめて重要だ。かつて人々は自分たちの神に人間を生け贄として供した〔第一段〕。ひょっとすると最も愛している人々を供犠に捧げた。例えば太古の宗教における長子を生け贄に捧げる習わしであり〔アブラハムが最愛の息子イサクを犠牲に捧げる用意があった話を思い起こすとよい〕、また、カプリ島のミトラ洞窟におけるティベリウス帝の犠牲がそうである〔ティベリウス帝は、生け贄のために人間をミトラ洞窟の上の断崖から突き落とさせたとされている。ニーチェは、一八七六年の秋から冬のソレント滞在の折りにカプリ島を訪れている〕。これは、ローマ人の時代錯誤的風習の中でも最も身の毛のよだつ犠牲である。次の段階〔第二段〕は人類の道徳的時代である。その時期に人々は自分たちの神に、彼らの最強の欲望を捧げた。つまり自分たちの『自然』を供犠に付した。この祝祭の快楽は、禁欲の徒の、感涙にむせびながら『反自然に生きる』者の残虐な眼差しの奥から閃いている。そして最終段階である〔第三段〕。あとは犠牲に捧げるものとしてなにが残っているだろうか？　最後には、いっさいの慰めとなるもの、いっさいの聖なるもの、救いとなるもの、いっさいの希望、隠れた調和へのいっさいの信仰、未来のあの世の浄福への、未来の正義への信仰を犠牲にしなければならなかったのではなかろうか？　神自身を生け贄に捧げねばならなかったのではなかろうか。それも自己自身に対する残虐から。石を〔唯物論のこと〕、愚鈍を〔世論のこと〕、重力を〔物理学〕、運命を〔歴史哲学〕、無を〔ニヒリズム〕拝まねばならなくなったのではなかろうか？　無のために神を犠牲に捧げるとは。この最終的な残虐の逆説的な秘儀は、来るべき世代のために取っておかれている。われわれは皆、その予感を多少は抱いている」（『善悪の彼岸』五五番、『覚書』二〇ページ）

「われわれは残虐さについて学びなおし、目を開くべきだ。高慢で勝手な誤謬が美徳の名を借りて図々しくも歩き回ることのないように、忍耐心を捨てるべきだろう。例えば、悲劇について昔の、そして今日の哲学者たちが育んできた誤謬がそのひとつだ。われわれが『高等な文化』と呼んでいるほとんどすべては残虐の精神化と深化に依拠しているのだ。私のテーゼはこうだ。あの内なる『猛獣』は殺され、絶滅したわけではまったくないのだ。それどころか、今なお生きており、栄えているのだ。

そして人間が宗教的な意味で自己棄却、もしくはフェニキア人やアステカ人のように自己脱臼すべきという説得にやられてしまうところ、あるいはおよそ官能放棄、肉の快楽の断念、自分を苦しめ、ピューリタン的な後悔の痙攣や、良心の解剖、パスカルのような知性の犠牲(sacrifizio dell' intelletto)に誘い込まれるところ、そういうところでは、人間は密かに残虐によって誘われ、突き上げられているのだ。つまり残虐が自分自身に向けられた時のあの危い身震いによって動かされているのだ。

認識者も、精神の好みに反して、時には心情からの望みに反して認識するように自分に強いる時は、つまり、本当は『イエス』と言いながら愛し、拝みたいのに『ノー』と言うように強いる時は、残虐の芸術家、残虐を美化する者として動いているのではないか、と最後には考えることになる。深く考え、徹底的に考えることはすべて、それだけでもうひとつの強要であり、精神の根本意志に痛みを加えようとすることだ。見かけに、表層に向かおうとするのが、精神の根本意志だからだ。どんな認識への意志のうちにもすでにひとしずくの残虐性が潜んでいる」(『善悪の彼岸』二二九番、『覚書』二六五ページ)

「神の死」をめぐる「狂気の人」という有名なアフォリズム、そしてこの「大事件」をめぐるさまざまな思考は、残虐の歴史と関連させて読む必要がある。人間が認識の力で、神は死んだ、いっさいの最高の価値は意味を喪失したと叫んだのがニーチェの神の死である。つまり神を認識の祭壇にささげて、殺害するという残虐行為を働いたのは、人間なのだ。

「あなた方はあの狂気の人のことを聞いたことがあるだろうか？　昼前の明るい時間だというのに、提灯《ランタン》を灯して、市場に出かけて、『わたしは神を探しているのだ。神を探しているのだ』ととめどなく叫び続けたあの狂人のことを。ところが市場には、神を信じない人々も沢山たむろしていたので、それによって引き起こされたのは爆笑だった。神さまをどこかに置き忘れてしまったというのか、と一人が言えば、もう一人は、それとも神さまは子どものように道に迷ってしまったというのだろうか、と応じていた。それとも神さまはどこかに隠れてしまったというのかも？　神さまはわれわれのことを怖がっているのだろうか？　船に乗ってどこかへ行ってしまったとでもいうのだろうか？　海外へ移住したというのだろうか？　彼らは大笑いしながら、このようにとりとめもないことを叫び続けていた。するとこの狂人は、彼らの真ん中に割って入り、独特の眼差しで彼らを射るように見つめながら『神はどこに行った？』と叫んだ。『言ってあげよう。われわれこそが彼を殺したのだ。あなた方と私がだ！　われわれは皆彼を殺した下手人なのだ！　でも、どうしてそんなことがわれわれにできたのだろうか？　海を飲み干すなどということがどうしてできたのだろうか？　地平線の全体をぬぐい消す巨大な海綿を誰がわれわれにくれたのだろうか？

　地球を太陽とつないでいる鎖を外したとは、いったいどういうことなのだろうか？そうして地球は今どこへ向かっているのだろうか？　われわれはどこへ向かっているのだろうか？　いっさいの太陽から遠ざかっているのではなかろうか？(中略)果てしなき夜の中をわれわれはさまよい続けることになるのでは？　なにもない虚空から吹いてくる冷たい風が頬を撫でていないだろうか？　少し寒くなってきたのでは？　夜がやってきて、さらにまた夜がずっと続くのでは？　午前中から灯りを灯さねばならないのでは？　神を埋葬する墓掘人たちの声がまだ聞こえてこないというのか？　神が腐っていく臭いがまだしないとでもいうのか？　神々も腐っていくのだ！　神は死んだ。神は死んだままだ！〔キリスト教と異なって復活はありえない〕そして神を殺したのは、われわれなのだ！　われわれはどうやって自分たちを慰めたらいいのだろうか？　われわれ殺人犯の中の殺人犯は。世界が今までに持っていた最も聖なる存在、最も強大な存在、その存在が、われわれの刃にかかって血を流している。誰がわれわれの手から返り血をぬぐい払ってくれるのだろうか？　どんな水で洗い清めたらいいのだろうか？　どんな贖罪の祭りを、どんな聖なる祭典劇を作りだしたらいいのだろうか？　この殺害という巨大な行為は、われわれには担いようがないのではなかろうか？

この行為にいささかでもふさわしい存在になるためには、われわれ自身が神々にならねばならないのではなかろうか？　これ以上に巨大な行為はかつて存在したことがない。われわれの後に生まれて来る者たちは誰であれ、この行為のゆえに、これまでのいっさいの歴史よりもより高い歴史に属することになろう』」(『喜ばしき知識』一二五番、『内的体験』三四六ページ)

「神はひとつの推測である。しかし、この推測から生じるあらゆる苦悩をなめて、なお死なずにすむ者があろうか？」(『ツァラトゥストラ』第二部「至福の島々で」、『覚書』三三

ページ）

「人は自分の神に対する時が最も不正直だ。なぜなら、神は罪を冒すことはありえないとしているからだ」（『善悪の彼岸』六五a番、『内的体験』二九九ページ）

「詩的人間。『悲劇の中の悲劇を自らの手で最後まで作り上げたのはこの私だ。道徳の結び目を人生の中に結び込んで、固く縛り、神だけがほどけるようにしたのは、この私だ。――ともかく、ホラチウスがこのように定めているのだが〔悲劇は第五幕で、最後に破局がくるように定めている〕、――私はすでに第四幕までにすべての神々を殺してしまった。道徳的精神のゆえに殺してしまった。それでは、第五幕はどうしたらいいのだろうか。喜劇的な結末にするにはどうしたらいいか、考えた方がいいのではなかろうか？』」（『喜ばしき知識』一五三番、『覚書』八一ページ）

第三節　キリスト教的誠実性によるキリスト教批判

神の死に関して、ニーチェとバタイユの共通するモチーフは、それがキリスト教の歴史の内在的な帰結であるという点である。キリスト教は、神の真理を求め、自己の罪を絶えず点検する知的誠実性を培ってきた。その誠実性が、神の存在そのものを疑う問いへと発展し、キリスト教自身に向けられるという逆説、そこに自己自身への残虐行為があることをバタイユはニーチェから継承する。無宗教だった両親と異なり、バタイユが自らカトリックに入信し、告解を定期的におこない、一時期は修道院に入ろうと考えていたのは、無駄ではなかった。だが、「召命」という名の神のお呼びはなく、彼はエロスを始めとする俗界での極限の経験を追求するようになる。ニーチェの次の文章を彼は『覚書』で引く。

「キリスト教の神に勝利したのがなにであるかは明らかである。それはキリスト教道徳そのものである。誠実性の概念がますます厳しくなったためである。あるいはキリスト教的な良心に備わる聴罪師の繊細さが科学の良心へと、どんなことがあっても知的清廉さを求める心性へと翻訳され昇華されていったためである。自然をなんらかの神の善意と庇護の証しとして見ること、あるいは、歴史を神の理性の実現と賞《たた》える解釈をすること、世界には道徳的秩序があり、道徳的な最終目的があることの絶えざる証拠として解釈すること、長いあいだ敬虔な人々が自分の体験を解釈して、そこには神の配剤が、神の導きがあり、そしてすべては魂の救済のために配慮され、賜ったものであると見てきたこと、そうしたことはいまや終わったのだ。こういう考え方は〔知的〕良心に反する。誰であれ繊細な良心の持ち主たちから見れば、猥褻であり、不誠実である。彼らから見れば、嘘つきであり、女性中心であり、弱さであり、卑怯である。われわれにそもそもなんらかの特性があるならば、この誠実性という厳しさを特性とすることで、われわれは、まさに良きヨーロッパ人なのだ。そして、ヨーロッパの最も長期にわたる、そして最も勇敢な自己克服の継承者なのだ」(『喜ばしき知識』三五七番、『言葉とエロス』所収「ニーチェとイエス」邦訳二三ページ)

神の望む誠実性に依拠した神との闘いこそはヨーロッパの知的生活における「華麗な緊張」を生み出し、人間を神以上の存在にしたのだ。

「信仰にも、『良い趣味』はある。それはついに声を発して言った。『そんな神はいただけない！　むしろ、いないほうがいい。自分の力で運命をひらいたほうがいい。気違いのほうがいい。いっそ自分で神になったほうがいい！』と」「『なんということを耳にするのだ！』と、耳をそばだてていた老法王はこのとき言った。『おお、ツァラトゥストラ、それほどの不信仰にもかかわらず、あなたは自分で思っているよりも敬虔だ！』「そして、あなたの途方もなく大きな誠実さは、あなたを善悪の彼岸にまでも連れてゆくことだろう！」(『ツァラトゥストラ』第四部「退職」、『覚書』二七ページ)

「プラトンに対する戦い、あるいはもっとわかりやすく『一般民衆』のための言葉を使えば、何千年にわたるキリスト教と教会の抑圧に対する戦い——なぜならキリスト教とは『一般民衆』にとってのプラトニズムなのだから——、この戦いは、ヨーロッパにおいて、この地上にかつてなかったほどの精神の華麗な緊張を生み出したのだ。このように弓を張りつめたならば、今や遥か彼方の標的に向かって弓を射ることすら可能とな

っている」(『善悪の彼岸』序文、『覚書』七八ページ)

この誠実性の闘いはまた「悪辣」で多少なりともふざけた「悪賢い好奇心」に依拠した小悪魔の闘いでもある。

「誠実性――この誠実性が我々の美徳であるとするなら、しかも自由精神であるわれわれが切り捨てることのできない美徳であるとするなら、ありとあらゆる悪意と愛を抱きつつこの美徳を守っていこうではないか。そして、残された唯一の美徳であるこのわれわれの美徳を倦むことなく『完成』させようではないか。たとえこの美徳の輝きが金箔をまぶした薄青い、いずれ消えゆくことをあざ笑う夕暮れの光のように、この老いゆく文化の上に、そして鈍《にび》色の陰鬱なまじめさの上に漂う程度のものであったとしても！にもかかわらず、このわれわれの誠実さがいずれ疲れ果て、ため息をつき、仰向けになって手足を伸ばして、もう無理だと言おうとも、そしてもっと快適で気楽に、そして思いやりを持って暮らしたくなろうとも、いわばちょっと楽しい悪業をした後ぐらいの気分になりたくとも、やはり厳しくあろうではないか。われわれ最後のストア主義者は！そしてこの美徳の補助になるために、われわれの中の悪辣な部分を派遣しようではないか。つまりは、鈍で曖昧な考え方への我々の嫌悪を、『駄目と言われると欲しくなる(ni-timur in vetitum)』対応を、冒険への勇気を、甘やかされた悪賢い好奇心を、仮面をかぶった、繊細極まりない強烈に精神的な力への意志、世界克服への意志を、未来のいっさいの王国の周りを回り、憧れるこの力への意志を。われわれの『神』〔誠実性という神〕にこうしたいっさいのわれわれの『悪魔』を引き連れて助けにはせ参じようではないか！」（『善悪の彼岸』二二七番、『覚書』七五ページ）

第四節　神の死と新たな希望

神の死は新しい希望と曙の告知でもあった。再生の希望である。新しい軽やかな生活への希望でもある。

「われわれの朗らかさがどういうものであるかについて――最近の大事件――つまり、『神が死んだ』という大事件、キリスト教の神に対する信仰が信じがたいものになったこと、この大事件は、すでにその最初の影をヨーロッパに落とし始めている。少なくとも少数の目利きの人々、特に疑惑を感じ取る眼の鋭い少数の人々にとっては、そしてこの光景を読み取る繊細な視線も備えている少数の人々にとっては、今まさになんらかの太陽が沈んだばかりのように見えることだろう」「しかし、中心的問題としてはこういうべきだろう。この事件そのものは、その知らせがすでに到着したと言い得るには、あまりにも大きすぎ、あまりにも遥か彼方のことであり、多くの人々の理解力の外にある。ましてや、この事件とともに起きたことが本当のところどういうことなのかを多くの人がすでに知っているわけがない。この信仰が滅びた後にいっさいのことがこれからどうなるかわかっているわけがない。こうしたいっさいが、この信仰に依拠して作られ、この信仰に寄りかかっており、またこの信仰のうちに育っているだけに。例えばわれわれのヨーロッパ的道徳のすべてがそれである。今や来たらんとする膨大な断絶と破壊、没落と転覆の長い系列、その度合いを十分に推し量れる者がいるだろうか。推し量って、この恐ろしいできごとの強烈な論理の教師、告知者、おそらくかつてこの地上になかったほどの荒廃と日蝕の暗闇の預言者となりうる者がいるだろうか？」「いわば山中で待機している生来謎解きに長けたわれわれですら、つまり、今日と明日の間に身を置き、今日と明日の間の矛盾の緊張に巻き込まれているわれわれですら、来るべき世紀の第一子であり、早生児であるわれわれですら、本当ならヨーロッパをまもなく包み込むはずの影をすでに見ているはずのわれわれですら、どうしてであろうか、この暗闇の深まりに対して関心を抱かず、自分たちのことをあまり心配もしないで、この影の到来を迎えているさまである。ひょっとしたらわれわれは、この事件の直近の影響下にあるのかもしれない。そしてこの直近の影響、つまりわれわれにとっての影響とは、ひょっとしたら人々が予想するのとはむしろ逆で、まったく悲哀に溢れたものでも、陰鬱なものでもなく、むしろ、一種形容しがたいほどの光、幸福、軽快感、晴朗、元気、朝焼けといったものである」「実際にそうなのだ。われわれ哲学者たち、われわれ『自由精神』たちは、『古き神が死んだ』という知らせに接して新たな曙の光を浴びたかのような気持ちになっているのだ。われわれの心は感謝と驚異、予感と期待に溢れ返っている。ようやく地平が開けてきたように思える。たとえ地平線がまだ明るくなっていないとしても、われわれの船は出航していいようだ。どんな危険も覚悟して出航していいようだ。認識者のいっさいの冒険が再びゆるされた。われわれの海が再び開けてきた。ひょっとしてこれほど『遥かな海』は一度としてなかったのではなかろうか」(『喜ばしき知識』三四三番、『覚書』一九ページ)

だが、出航後の認識の遥かな大海原の孤独の予感は、神を殺した誠実な人間にも身震いを引き起こす。

「遥か無限に広がる水平線――われわれは岸を離れ、船に乗り込んだ。われわれは背後の桟橋を、いやそれどころか、背後の陸地を壊してしまった。されば、小舟よ、気をつけてくれ。お前の横には大洋が広がる。たしかに、大洋はいつも吠えているわけではない。時には絹と金のように、心地よい夢のように広がっている。だが、大洋が無限であること、無限ほど恐ろしいものはないことにお前が気づく時もある。おお、哀れな鳥よ。お前は自由と思っていても、この無限という壁にぶつかるのだ。陸への郷愁が、陸にはあたかももっと自由があったかのようにお前を捉えるときがあるならば、なんとかわいそうなことか。だがもう『陸』などないのだ」(『喜ばしき知識』一二四番、『覚書』二五

ページ）

「岸が姿を消した。――いまはわたしをつなぐ最後の鎖も落ちた、――無辺際のものがわたしをめぐって怒号している。時間と空間が、大きくひろがって輝いている。しっかりしろ、わたしの魂よ！」（『ツァラトゥストラ』第三部「七つの封印」五節、『覚書』一五八ページ）

「まだ人の足踏みいれたことのない幾千という小みちがある。幾千という健康の種類、隠れた生の小島がある。人間と人間の住む大地は、いまだに汲みつくされず、発見しつくされていない」（『ツァラトゥストラ』第一部「贈り与える徳」二節、『覚書』一六四ページ）

「別の新たな理想がわれわれの前を走っている。驚異的かつ蠱惑的で、危険に満ちた理想だ。この理想を追えとは誰にも言うつもりはない。なぜなら、この理想への権利があるなどとは誰にも認める気がないからだ。これまで聖とされ、善とされ、不可侵、神々しいとされてきたいっさいのものと気楽に、つまりは無理せずに、溢れ返るような力強さを伴って戯れるような精神のあり方の理想である。そうした精神にとっては、民衆の間で認められ価値基準となっている最高の存在はもうそれだけで、危険、堕落、卑下であり、あるいは少なくとも、安逸と盲目を、そして一時的な自己忘却を意味するであろう。つまりは人間的かつ超人的な快適と好意の理想だが、これはあまりにもしばしば非人間的に見えることもあるかもしれない。例えば、これまでのいっさいの地上の生真面目さ、物腰や、言葉や響きや、眼差しや道徳と義務のいっさいのもったいぶった感じの横に置いてみるならば、そうしたものの心ならずもの血肉を備えたパロディーと見えてくるであろう。にもかかわらずこの理想とともに大いなる真剣さが始まり、本当の疑問符が付けられ、魂の運命が転回し、時計の針が進み、悲劇が始まるのだ……」(『喜ばしき知識』三八二番、『覚書』四〇ページ)

「素晴らしい！――あなたはもはや二度と祈ったりしないだろう。なにかを拝んだりすることもないだろう。かぎりなき慰藉《いしゃ》のうちに安心することもないだろう。最終的な知恵、最後の根拠、究極の権力の前で佇んだり、自分の思想の鎧《よろい》を解くことを、あなたは自分自身に禁じるだろう。あなたの七つの孤独をずっと守り続けてくれる護衛や友人も持つことはないだろう」「あなたの仕事に報いてくれる者もいなければ、最終的に訂正してくれる人もいないだろう。起きている事態の中にはいかなる理性もなければ、あなたに起きることのうちにいかなる愛も感じ取れることはないだろう。あなたの心の安息の場は用意されていないだろう。探さなくても簡単に見つかる安息の場はないだろう。なんらかの最終的な平和にあなたは逆らい続けることになるだろう。戦争と平和の永遠回帰をあなたは望むことだろう。断念の人であるあなたは、こうしたいっさいを断念できるだろうか？　そのための力を誰があなたに与えてくれるだろうか？　未だかつて誰もこの力を持った者はいなかった。あるところに湖があった。この湖はある日外に流れ出すのをやめることにした。そしてこれまで水が流れ出していたところにダムを築いた。それ以降、水面はどんどん上昇していった。ひょっとしたらこのような断念こそがいっさいの断念に耐えられるだけの力をあなたに与えてくれるのかもしれない。ひょっとしたら人間は、神へと流れ出すことをやめた時点から、水位を高めていくことだろう」（『喜ばしき知識』二八五番、『覚書』二三ページ）

神がいなくなることによって人間の可能性は高まるというのはバタイユが継承したニーチェの確信であった。

「人間は、自分には命令されることが必要だという信念を得ると『信心深く』なる。逆に考えられることは、自己決定の喜びと力であり、意志の自由であり、精神がどんな信仰とも、確実性へのどんな望みとも縁を切り、軽やかな綱と可能性の上でバランスをとり、眼下に深淵を見ながらなおも踊ることに彼なりに習熟していることだ。このような精神こそは格段に上等な自由精神であろう」（『喜ばしき知識』三四七番、『覚書』二六ページ）

ところが、神の死ののちの新たな人間の可能性を求めず、与えられた枠組みで生きる人間たちがいる。禁欲と勤勉、計画と予定が彼らの生活形式である。そうしたあり方への距離も、フランス文学に長い小市民批判の伝統以上に、バタイユがニーチェから引き受けたものである。『内的体験』には次のような一節がある。

「禁欲はそれ自体の中に、なんらかの魅惑、なんらかの心を充たすものをたしかに持っている。それは申し分のない抑制のごときもの、ただし最も困難な抑制、すなわち自己統御、自分のいっさいの本能的衝動の統御だ。禁欲者は他人を見下げることができる（いずれにせよ人間の本性を見下げることができるのだ。それも、自分の人間性に対して抱いている侮蔑を介してのことである）。彼には、計画という形式の外側で生きるすべなどは少しも思いつかない(14)」

また「道徳と倫理」（『言葉とエロス』所収）という文章には次のようにある。

「偏狭な道徳意識と、とくにその形式的な原理とは、人間そのものの否認として超克されずにはすまない。この闘争は、要するに官能や情熱の奇蹟を、可能なものや明日への支配的な思惑に去勢されている生活の低劣さに対して、拮抗させるものである(15)」

小市民道徳への批判とともに、至高性への情熱をバタイユは語り続ける。「一瞬たり、とも次のことを疑わないでほしい——人は、総体性へのあの光り輝やく溶解を生きる以前には、ニーチェの作品の一語たりとも理解してはいなかったのである(16)」。「エロティスムを知らぬ人間は、内的体験を欠く人間にも劣らず、可能事の涯に無縁の者である。嶮《けわ》しい、波瀾に充ちた道を——毀損されぬ『全的人間』への道を選ばねばならない(17)」。

エロスの世界、もしくは情熱の経験は人間の可能性の無際限な拡大につながるというのは、ニーチェの受容として重要である。

「道徳の説教者たちは、悪い人間の心の中の〈悲惨〉についてなんという幻想を振りまいてきたことか！　情熱的人間の不幸について彼らはわれわれになんという嘘をついてきたことか！——そう、嘘をつく、というのがここでいちばんあてはまる言葉だ。こうした情熱的人間が幸福に溢れていることを彼らは実はよく知っていたのだが、そのことを黙殺していたのだ。それでは、いっさいの幸福は情熱の抹殺と意志の沈黙とともに始まるという彼らの理論に反するからだ」(『喜ばしき知識』三二六番、『覚書』二七九ページ)

「高揚感——ほとんどの人は、高揚感というものをまったく信じていないようだ。ほんのちょっとの時間、せいぜいが十五分ぐらいならそういうことがあることを認めているかもしれないが。そうした感情の高ぶりがもっと長く続くことを経験から知っているあのごく少数の人々は別にしてだが」「だが、現在では最高の幸運があっても揃うことのないほどの膨大な好条件が生じ、確立されるならば、このような人間を歴史が生み出すこともあるかもしれない。ひょっとするとこのような未来の魂にとっては、恐怖に打ち震えるような例外状況として時たまわれわれの魂のうちに生じるようなことが普通の状態になるのではなかろうか。それは、上がったり下がったりの絶えざる動きであり、感情の上下運動であり、階段を登り続ける感覚であり、同時に雲の上を漂っているような感覚である」(『喜ばしき知識』二八八番、『ニーチェ』一八四ページ)

これはほとんどオルガスムスの哲学とも言える。だが、それを通常の小市民的セクシュアリティの延長や拡大として考えてはならない。全く違う次元の可能性の追求なのだ。

「今日、主《しゅ》となり支配者となっているのは、小さな人間たちであり、かれらはみなあきらめと謙遜と抜目なさと勤勉と顧慮その他、限りなくつづく小さな美徳を説くのだ」「わたしはこれら今日の人間を照らす光などではありたくない。光と呼ばれ、仰がれたくない。わたしはかれらの目を——眩ませてやりたい。わたしの知恵の稲妻よ！　かれらの目を刺し、えぐってくれ！」（『ツァラトゥストラ』第四部「『ましな人間』について」三—七節、『覚書』一四ページ）

ここでの稲妻はすでに『ツァラトゥストラ』の「序説」におけるように超人（Übermensch）のことである。超人とは一般には英雄崇拝的に理解されているが、既成の社会的かつ道徳的因習から離れた自由精神の追求する新たな可能性のことだろう。

「あなたがたの霊魂も、貧弱であり、不潔であり、みじめな安逸なのではあるまいか？　まことに、人間は汚れた流れである。汚れた流れを受けいれて、しかも不潔にならないためには、われわれは大海にならなければならない。見よ、わたしはあなたがたに、超人を教えよう。超人は大海である。あなたがたの大いなる軽蔑は、この大海の中に没することができる」（『ツァラトゥストラ』序説三節、『覚書』六六ページ）

「あなたがた貴族は、うしろをふりかえってはならない。前方を見るべきだ！　あなたがたは、あらゆる父と祖父の国を追われた者であらねばならない！　あなたがたは、あなたがたの子どもたちの国を愛さなければならない。この愛をこそ、あなたがたの新しい貴族の資格とするがいい、――それは海のかなたにある未発見の国への愛である！　わたしはあなたがたの帆に命じる、この国を捜せ、捜せと！　あなたがたの子どもたちによって、あなたがたは、あなたがたが祖先を受けついでいることをつぐなわなければならない。すべての過去を、こうして救済しなければならない！」（『ツァラトゥストラ』第三部「古い石の板と新しい石の板」一二節、『覚書』二二三ページ）

「ここにギリシア人のディオニュソスがある。すなわち、生の宗教的肯定、生を否定せず、縮減せず、そのまま全体として肯定すること。典型的なことは、性行為が深さと神秘と畏敬の念を引き起こしていることだ。ディオニュソス対十字架にかけられた者〔キリスト〕、ここにこそ対立がある。相違は教えに殉じる仕方の違いではない。受難が異なった意味を持っているのだ。ディオニュソスにあっては、生そのものが、その永遠の豊穣さが、その回帰こそが苦痛を生み、破壊を生み、抹殺への意志を生み出しているのだ。後者〔キリスト〕の場合には、この世の苦痛が、『無実な存在として十字架にかけられた者』であることが、この生への反論として、この生の断罪の定式となっているのだ。簡単に分かることだ。問題は生の意味に関することなのだ。キリスト教的な意味なのか、悲劇的な意味なのか、ということだ。前者の場合は、天国の浄福への道としての生であり、後者の場合には、存在そのものが十分に浄福であり、それによって強烈な苦悩も正当化されるのだ」（一八八八年春、ドイツ語版『ニーチェ全集』第一三巻二六六ページ、『覚書』

五六ページ）

それゆえ、目下のところは「病める」存在であっても、本来の大いなる可能性を人間に見るという点で、バタイユはニーチェを継承する。

「人間とは、他のいかなる動物よりも確定していない、変化しやすい、不確かな、そして病気の動物なのだ。そのことに関してはいかなる疑いもない。人間とは病気の動物なのだ。なぜそうなのだろうか？　それは、人間が他のすべての動物を合わせた以上に、より多くのことを敢えて試み、新たに試み、また多くのことに逆らい、運命を挑発してきたからに違いない。人間とは自分自身を実験する大いなる実験家であり、満たされぬ者であり、飽くことなき存在であり、動物や自然、そして神々と地上の最終的支配権を争う存在なのだ。人間は、未だに負かされてない、永遠の未来である存在なのだ。こみあげてくる自らの力のゆえに休息を知らぬ存在であり、いかなる現在にあっても未来が肉の中を掻き回している存在なのである。これほどまでに勇気のある、そして富める動物である以上、いっさいの病める動物の中で、人間こそは、最も長期にわたって、そして最も深く病んでいる動物、最も危機にさらされている動物でないわけがあろうか」

（『道徳の系譜学』第三論文第一三節、『覚書』一〇九ページ）

第五節　孤独・笑い・道化

至高性の思考は、しかし、また現在あるものを、そして将来の可能性を笑い飛ばすことでもある。どうなっても怖くない、高らかに笑うというモチーフをバタイユはニーチェから継承している。「本質的に、ニーチェの思想は、波頭へ人を高める。波頭とは、最も悲劇的なものが、笑いをそそるもとになる地点のことだ。この高みに留まっていることは難しい（おそらく不可能だ）」（『覚書』序論七ページ）。ニーチェの哲学はバタイユから見れば、出口裕弘が言うように、「軽さと批判」の哲学なのだ。『ツァラトゥストラ』には「鳩の群をともなった笑う獅子」（第三部「古い石の板と新しい石の板」一節）も出てくる[18]。

　「まことに、懺悔を勧める説教師のように、狂人のように、わたしはかれらの偉大と卑小の全てに、怒号と絶叫をあびせた。――かれらの最大の善も、なんと小さなことか！　かれらの最大の悪も、なんと小さなことか！――そう言って、わたしは笑った。このようにわたしの内部から、わたしの聡明なあこがれが叫び、笑った。このあこがれは山中で生まれたもの、まことに『荒々しい知恵』だ！――その翼をはばたかすわたしの大いなるあこがれは。しばしば、このあこがれは笑いのさなかに、わたしを引きさらい、高く、遠く、運んでいった。わたしはおののきながらも一本の矢になり、太陽に酔いしれた恍惚を貫いて飛んだ。――どんな夢もまだ及んだことのない未来へ、どんな芸術家が夢想したよりももっと暑い南国へ、神々が舞踏し、衣をまとうことを恥とするかなたへ」(同二節、一部が『覚書』二五五ページ)

「踊りを一度も踊らなかった日を、われわれは空しかった日と考えよう！　また哄笑を伴わなかった真理を、われわれはすべてにせものと呼ぶことにしよう！」(同二三節、一部が『覚書』二五六ページ)

「あなたがたのなかの誰が、高められて、しかも同時に哄笑することができるだろう？　最高の山頂に立つ者は、すべての悲劇と悲劇的厳粛を笑うのである」「わたしは踊ることのできる神だけを信じるだろう」(『ツァラトゥストラ』第一部「読むことと書くこと」、一部が『覚書』二五七ページ)

哲学の伝統における笑いの欠如こそニーチェとともにバタイユが拒否するものである。解放と自由は、皮肉と揶揄と笑いを、そして道化のスタイルを伴っていなければならない。

「オ、リ、ュ、ン、ポ、ス、の罪業――生粋のイギリス人であるあの哲学者は、物を考える頭脳の誰に対しても、笑いの悪口を言うことに努めていた。『笑いとは、人間本性のたちの悪い病気で、考える人間ならば、その克服に努めることだろう』[19](ホッブズ)。だが、そういう人がいても、それにもかかわらず、哲学者を彼らの笑いに応じて等級づけたいものだ。

トップは黄金の哄笑ができる哲学者である。そして、神々も哲学するとしよう——そう思わせる理由がそれなりにあるが——、その時に彼ら神々は、人間を超えた、新たな仕方で笑うであろうことを、わたしは疑わない。しかも、いっさいの真面目なことどもを無視して笑うであろうことを。なぜなら神々は嘲って笑うのが大好きなのだ。聖なる儀式を執り行う時でも笑いを抑えられないようだ」(『善悪の彼岸』二九四番、『覚書』二五八ページ)

「哄笑する者のこの冠、この薔薇《ばら》の花の冠〔キリストのイバラの冠への揶揄〕。わたしは自分でこの冠を自分の頭上にのせた。わたしは自分で、わたしの哄笑を神聖だと宣言した。これだけのことをできる強さは、今日、わたし以外の誰にもないと、わたしは見た」(『ツァラトゥストラ』第四部「『ましな人間』について」一八節、『覚書』二五九ページ)

「この地上で、いままでにあった最大の罪は何であったか？　『いま笑っている人たちはわざわいだ！』〔ルカ福音書六-二五にあるイエスの言葉〕と言ったあの人のことばではなかったか？」(同一六節、『覚書』二六〇ページ)

こうした知的探求の行く末は、冒頭に引いたニーチェについてのバタイユの言葉にあるように「孤独」であり、意味不明の言語となる。「もし人が最終点にまで行こうというのなら、自分を抹消せねばならず、孤独を身にこうむって頑固にそれに耐え抜かねばならない[20]」。孤独はまた仮面や道化と結びつく。

「すべての深い精神は仮面を必要とする」「いやそれ以上に、すべての深い精神の周りには、絶えず仮面が生じ、成長していく。彼が放ついっさいの言葉、彼が見せるいっさいの態度、彼の生のいっさいの表現に、常に偽りの、すなわち浅薄な解釈がともなうゆえである」(『善悪の彼岸』四〇番)

「われわれは、時折り自分自身から離れてゆっくりできねばならない。自分自身を見下ろしたり、低いところに見たり、芸術的な距離をもって自分たちについて上から笑ったり、泣いたりすることで、離れねばならない。われわれの認識の情熱に潜んでいる英雄も道化も同じように発見しなければならない。時にはわれわれの愚行に喜ばねばならない。われわれの知恵を喜び得るためにはそれが必要なのだ。そしてわれわれは最終的には鈍重で生真面目な人間であり、人間というよりもただの重みでしかないがゆえに、道化の帽子ほどわれわれにとっていいものはない。われわれは自分たちから身を守るためにこの道化の帽子が必要なのだ。われわれの理想がわれわれに要求する事物にとらわれず高く漂う自由を失わないためには、陽気で、とらわれない、踊りと嘲りに満ちた、幼稚かつ浄福に溢れた芸術を必要とする。もしもわれわれが、過敏な誠実性を発揮して、またしても道徳論に落ち込み、自分たちにあまりに厳しい要求を課すことで自ら道徳の化け物に、案山子《かかし》になってしまうならば、それは退化というものであろう。われわれは道徳の上高くに立つことができねばならない。しかも立つ場合には、いつ滑って落っこちるかわからなくてこわばった立ち方をするだけでなく、道徳の上で余裕をもって飛び回り、戯れ回るような立ち方もするのだ。そのためには芸術と道化なしで済むわけにはいかないのではなかろうか？　そして、あなた方がまだ自分を恥ずかしがっているうちは、あなた方はわれわれの仲間とは言えない」(『喜ばしき知識』一〇七番、『覚書』八八ページ)

「もう一枚、仮面が欲しい！　第二の仮面が欲しい！」(『善悪の彼岸』二七八番、『覚書』六ページ)

(1)　バタイユ『ニーチェについて』(酒井健訳、現代思潮社、一九九二・九六年)三八ページ。以下『ニーチェ』と略。

(2)　「目的合理性」とは、ある特定の目的(それが正当な目的であるかどうかは問わない)を、できるだけ効果的に実現でき、その際にその目的の実現を妨害しかねない副次的影響のできるだけ少ない方法にしたがって実現する行為のことである。ヴェーバーによって有名となった言葉であるが、目的実現のために理性をいわば道具的に使用するというニュアンスが、ヴェーバーの意図を越えてひろまり、効率重視、没価値的な資本主義における生産と市場の基本原則といったニュアンスを持って使われるようにもなっている。

(3)　バタイユ『内的体験』(出口裕弘訳、平凡社ライブラリー、一九九八年)四二〇ページ。

(4)　「アリアドネの糸」とは、導きの糸を意味する。ギリシア神話の英雄テーセウスがアリアドネが渡してくれた糸を頼りに、ミノタウロスの洞窟から脱出できたとするエピソード。

(5) 前掲『ニーチェ』三六ページ。
(6) ハーバーマス『近代の哲学的ディスクルスⅡ』三九三ページ。Bataille, Georges, *Das theoretische Werk*, Bd. 1., München, 1975, S. 12.
(7) 同前四〇七ページ。Bataille, Georges, *Der heilige Eros*, Frankfurt, 1982, S. 57.
(8) バタイユ『エロティシズム』(渋澤龍彦訳、二見書房、一九七三年)三六ページ。
(9) バタイユ『言葉とエロス』(山本功・古屋健三訳、二見書房、一九七一年)一〇ページ。
(10) 前掲『ニーチェ』三二四ページ。
(11) 同前三二三ページ。
(12) 同前三二六ページ。
(13) バタイユ『ニーチェ覚書』(酒井健訳、ちくま学芸文庫、二〇一二年)。以下『覚書』と略。ただし、ニーチェの著作の訳文は三島がドイツ語原文から直接訳し直している。
(14) 前掲『内的体験』六七ページ。
(15) 前掲『言葉とエロス』一五ページ。
(16) 前掲『ニーチェ』三五ページ。
(17) 前掲『内的体験』六九ページ。
(18) ニーチェと笑いについては、タルモ・クンナス『笑うニーチェ』(杉田弘子訳、白水社、一九八六年)がある。
(19) ホッブズ『市民論』(本田裕志訳、京都大学学術出版会、二〇〇八年)第一章第二節。
(20) 前掲『内的体験』三五三ページ。

第五章　三島由紀夫のニーチェ

「善人たちがあなたがたに教えていたのは、いつわりの岸であり、いつわりの安全であった」[1]

――ニーチェ

第一節　「ニーチェイズム」

昭和四十一年(一九六六年)、当時の日本で代表的なドイツ文学者だった手塚富雄との対談で三島由紀夫(一九二五―七〇年)は、戦時中の習作「中世に於ける一殺人常習者の遺せる哲学的日記の抜萃」(一九四四年)に言及しつつ、「非常にニーチェイズムなんです。戦時中に書いたものですけどね。あのころはいちばん『ツァラトゥストラ』やニーチェ全般にかぶれていたころかもしれません」と述べている[2]。室町時代の殺人鬼の哲学的内省と、それについての語り手の同じく哲学的内省が未分化に綴りあわされたこの文章には、たしかにニーチェのモチーフが多用されている。未知の海原への船出、快癒、痛苦、他者との距離、死の羞恥……。さらには、殺人者が自らに、あるいは語り手が殺人者に呼びかける死への誘い。「君の前にあるつまらぬ閾《しきみ》、その船べりを超えてしまへ。強いことはよいものだ。弱者は帰りえない。強いものは失ひうる。弱者は失はすだけである。向うの世界が彼らの目には看過される」(『三島由紀夫全集(3)』第一六巻一五二ページ)。『ツァラトゥストラ』に出てきそうな文章だ。同時にこの動機なき殺人の記録は瞬間の美への渇仰に満たされている。

「北の方瓏子《れいこ》を殺害。はつと身を退《ひ》く時の美しさが私を惹きつけた。蓋《けだ》し、死より大いなる羞恥はないから。彼女はむしろ殺されることを喜んでゐるものゝやうだ。その目にはおひおひ、つきつめた安らぎの涙が光りはじめる。私の兇器のさきの方で一つの重いもの——一つの重い金と銀と錦の雪崩《なだ》れるのが感じられる。そしてその失はれゆく魂を、ふしぎにも殺人者の刃《やいば》はけんめいに支へてゐるやうである。この上もない無情な美しさがかうした支へ方にはある」(同一四六ページ)

「能若衆花岩を殺害。その唇はつやゝかに色めきながら揺れやまぬ緋桜の花のやうに痙攣する。能衣裳がその火焔太鼓や桔梗《ききょう》の紋様をもつて冷たく残酷に且重たく、山吹の芯に似た蒼白の、みまかりゆく柔軟《にうなん》な肉体を抱きしめてゐる。私の刀がその体から引き抜かれる。玉虫色の虹をゑがきつゝ花やかに迸る彼の血の為に」(同一四七ページ)

この「殺人者」は港で海賊に出会う。

「『君は未知へ行くのだね!』と羨望の思ひをこめて殺人者は問ふのだつた。『未知へ？　君たちはさういうふのか？　俺たちの言葉ではそれはかういふ意味なのだ。――失はれた王国へ。……」海賊は飛ぶのだ。海賊は翼をもつてゐる。俺たちには限界がない。俺たちには過程がないのだ。俺たちが不可能をもたぬといふことは可能をもたぬといふことである」「創造も発見も、『恒に在つた』にすぎないのだ」(同一五一ページ)

スペースのゆえにすべては引用できなかったが、この文章に多用される「快癒」といい、「創造」といい、「恒に在つた」といい、「未知」への旅立ちや「海」のモチーフといい、『ツァラトゥストラ』からの借用は本人も認めるとおりである。残虐と美の輻輳が生む快楽、振り下ろされる刀の閃光への愛惜感はニーチェにはじまる世紀末の美学の残響であろう。

船出のイメージ、海のイメージは三島由紀夫もニーチェも好むところである。

「われわれは人類のためにいかなる聴罪師も、占師も、免罪も、設ける必要がない！むしろひとつの新しい正義が必要なのだ」「ひとつの別の世界が発見されねばならない」「船に乗れ！　諸君、哲学者たちよ！」(『喜ばしき知識』二八九番)

「ついにわれわれの船はふたたび出発する」「認識者のいっさいの冒険がふたたび許された。海、われわれの海がふたたび開かれた」(同三四三番)

「いまこそあなたがたに船乗りになってもらわなければならない！　雄々しく、忍耐づよい船乗りに！

時を逸することなく、毅然として行きなさい！　おお、わが兄弟たちよ、毅然として行くことを学びなさい！　海は荒れている。多くの者があなたがたにならって奮いたとうとする」(『ツァラトゥストラ』第三部「古い石の板と新しい石の板」二八節)

『午後の曳航』の竜二がペルシャ湾に向かうタンカーのデッキから眺める「世界終末的な」日没の光景、竜二が未亡人を抱擁する直前に港から聞こえる汽笛、あの『潮騒』のハッピーエンドにすら影を差す沖合を行く船への思い、あげれば、航海と出発のモチーフは、三島由紀夫に際限なくある。

第二節　ディオニュソスへの傾倒とアポロへの畏敬

こうした文章からも予感されるように、三島由紀夫がニーチェに見たものは、世界は美的現象としてのみわれわれの生を充実させてくれるという『悲劇の誕生』における予感だった。言い換えれば、芸術とその美にはなんといっても神話的暴力が不可欠であるとする確信でもある。「力が慈しみとかわり、可視の世界に降りてくるとき、そのような下降をわたしは美と呼ぶ」(『ツァラトゥストラ』第二部「悲壮な者たち」)。

そうした考えが展開されているニーチェの『悲劇の誕生』を、種々の状況から判断して三島は学習院高等科時代にドイツ語で読んでいたようだ。ディオニュソス(バッカス)

の神の秘儀と結合した悲劇の世界にのめり込む眩暈《めまい》を、高校生の三島由紀夫も味わったことだろう。

まずは、この本から、三島由紀夫が気に入りそうな、いくつかの箇所を読んでみよう。

「根拠律がそのなんらかの表現形態において例外を許したために、人間にとって現象の認識形式が突然わからなくなってしまうことがある。そういうときに人間を襲う強烈な戦慄は、ショーペンハウアーが描いているとおりだ。この恐怖感に加えて同じく個体化の原理(principium individuationis)が崩壊したときに人間の、いや自然の奥底からわき上がってくる快楽の絶頂に伴う恍惚感を思い起こすなら、われわれは、ディオニュソス的なるものの本質に一瞥を投じたことになる。このディオニュソス的なるものは、陶酔との比喩で考えるのがいちばん身近にわかりやすいだろう。すべての太古の人間や民族が讃歌で述べている麻酔的な飲み物によって、あるいは、いっさいの自然を快楽に巻き込みつつ春が激しく近づいてくることによって、あのディオニュソス的な興奮がめざめ、それが高まると主体は崩壊し、完全な自我忘却状態にいたる。ドイツの中世においても、同じディオニュソス的な力に駆られて人々が村から村へと歌いながら、また踊りながら、その数を増やしつつ伸し歩《の》いたものである。こうした聖ヨハネ祭り〔洗者聖ヨハネの記念日。六月二十四日。夏至と同時期なので太陽の祭りともなり、夕刻火のまわりで人々が踊り狂った〕や聖ファイト祭り〔夏至の少し前の祭り〕の踊り手たちを見ると、ギリシアのバッカスのコーラスとおなじものであることがわかる。このバッカスのコーラスは小アジア、いや、さらにさかのぼってバビロンにまで、そしてオルギアズム（乱痴気騒ぎ）に狂うサカエ族（黒海の奥のスキュタイ地方の流浪民）にまで見ることができる」（『悲劇の誕生』第一節）

　この文章の出だしは少し難しいかもしれない。根拠律とは、すべての事柄には原因がある、原因なしにはなにも起きない、という原則とでも考えればいいだろう。その「根拠律がそのなんらかの表現形態において例外を許す」というのは、例えば、愛する人の突然の死や、巨大災害によってひとつの町が消えてしまうといった「なんの理由もなく」襲ってくる衝撃を考えればいいだろう。そして、「人間にとって現象の認識形式が突然わからなくなって」しまったときにというのは、例えば、ギリシア悲劇のような運命の衝撃に打たれ、日常の感覚が崩壊してしまうこと、つまり、時間や空間というわれわれの認識の根本が狂ってしまい「なにがなんだかわからなくなってしまう」場合を考えればいいだろう。母と交わっていたことがわかった息子オイディプス王の衝撃！

　「個体化の原理」の崩壊はそれとは別の話である。「個体化の原理」とは、哲学的には同じく時間と空間である。時間と空間がなければ、個々の形態とその変化もない。しかし、ここではそうしたこと以上に、一人一人を別々の個体にしている原則である。社会的には日常生活で人々が危うい均衡の中で保っている距離である。それが崩れたときの快楽は、例えば性の合体に伴って身体の奥底から突き上げてくる歓喜を思えばいい。ニーチェも挙げているもっと俗っぽい例では、一座の者たちが酒に酔って奇声を発し踊り狂うときの一体感を考えてもいい。つまり、この有名な文章には、根拠律が機能せず、崩壊する衝撃、運命に打たれたショックと、個体化の原理が取り払われ、合一感に酔う生命の快楽、性的合一や祭りの歓喜の両方が含まれている。ともに三島由紀夫の好むところであろう。

この引用に加えて、イサドラ・ダンカンを扱った第一章で引いたディオニュソスの祭りにおける自然との和解を思い出していただきたい（本書一〇ページ以降）。さらには同じ箇所の、ベートーヴェンの「歓喜の歌」が引かれ、岩山や砂漠の虎や豹も、花で覆われたディオニュソスの山車を引いているシーンも読み直していただきたい。このシーンは、どこかモーツァルトの『魔笛』のザラストロ（ツァラトゥストラ）を思い出させる。こうしたいわばユートピア像が一方にあるとすれば（酒と踊りによる集団的陶酔としての個体化の原理の崩壊もその枠である）、他方では、運命の衝撃を受けて、頼りにしていた世界が崩壊するような強烈な体験がある。歓喜と絶望、ニーチェはこのふたつをディオニュソスの名前でいわば混ぜ合わせている。また同じ歓喜でも、『魔笛』に見られるようなユートピア・イメージと乱痴気騒ぎを混同している。しかし、場所によっては、後者の乱痴気騒ぎを「アジア的」なディオニュソスとし、ギリシア的なそれと区別しているふしもある。その辺りの事情は、次の引用を見ればわかるだろう。

「われわれが、ディオニュソス的ギリシア人とディオニュソス的な野蛮人〔アジア〕を分ける巨大な裂け目を見いだそうとするなら、そのために単なる推測という語り口をする必要はない。古代世界のありとあらゆるところに――ここでは近代世界のことは除こう――つまり、ローマからバビロンにさかのぼるありとあらゆるところにわれわれは、ディオニュソスの祝祭があったことを証明できる。だが、こうしたタイプのディオニュソス祭りは、ギリシアのタイプとはまったく異なり、たとえて言えばせいぜいのところが、山羊から名前と特性を貸してもらった鬚のサチュロスとディオニュソス自身とがまったく異なるのとおなじである。〔古代アジアの〕いたるところでこの祭りの中心にあったのは、むちゃくちゃな性的乱痴気であって、その激浪はいっさいの家族制度とそれに伴う厳粛な枠組みを流し去って行くものだった。自然の度しがたい獣性が解き放たれ、淫欲の快楽と残虐のあの忌まわしい調合物にまでなりさがってしまうものだった。この調合液は、わたしには『魔女の飲み物』〔若返って恋をし快楽に耽るためにファウストが飲む怪しげな薬液〕に思える。陸路や海路のありとあらゆる経路を経てこの祭りの知識はギリシアにまで到達したが、このような祭りの狂熱的な興奮に対して、ギリシア人はしばらくは完全に守られ、保護されていた、少なくともそう見えた。守ってくれたのは、誇り高く立ちはだかるアポロの姿であった。アポロがメドゥーサの首を掲げてそれに対抗した危険な力のなかで、異形で粗野なディオニュソス的な力にまさるものはなかったほどである。アポロの威厳に満ちた拒絶の態度が永遠化されたものこそドーリア式芸術〔スパルタ文化〕である。だがアポロのこの抵抗も、ヘラス的なものの最も奥底から似たような衝動が吹き出してきたために、疑わしいものに、そして不可能なことになってしまった。いまやデルフォイの神〔『なんじ自身を知れ』と告げる理性の神アポロ〕のはたらきも、強烈な敵と適切な時期に和議を結び、抹殺の力を持つ武器〔酒と淫乱という武器〕を取り上げることとしかできなかった。だが、この和議こそは、ギリシアの祭祀の歴史における最も重要な瞬間となったのだ。どこを見ても、この和議という事件によって引き起こされた変化を見ることができる。この和議は、〔アポロとディオニュソスという〕敵対する両者が、今後おたがいに守るべき境界線をはっきり定め、定期的に貢ぎ物を交換することを約束しあった和解であった。とはいえ、根本において両者のあいだの裂け目が橋渡しされたわけではなかった。だが、あの講和の圧力の下で、ディオニュソス的な力がどのように現れてきたかを見るならば、あのバビロニアのサカエ族や、人間が虎や猿に退化してしまったような祭りの形態と比べて、ギリシア人のディオニュソス的なオルギアズムにおいて世界救済の祝祭と美的変容の祝日の意義が理解されるのだ。こうした祝祭においてはじめて自然はその芸術的な歓喜の叫びに達し、『個体化の原理』の破砕が芸術的な現象となるのだ」(『悲劇の誕生』第二節)

大酒と乱交という、野蛮な疑似一体化であったアジア的なディオニュソスが、ギリシアのアポロと和解することで、悲劇という芸術の中でいっさいの自然の生命そのものの歓喜へと、つまりギリシア的なディオニュソスへと変じる。つまり「世界は美的現象としてのみ肯定される」(同第五節)ことになる、というのだ。

「いまやわれわれの眼前にはいわばオリュンポスの山々が魅惑的に展開する。そしてその魔法の山が自らの奥底の根を見せてくれる。というのも、ギリシア人はこの人生の恐ろしさと凄まじさを知りつくし感じていたからである。だからこそ、およそ生きて行くことができるために、ギリシア人はこうした恐ろしく凄まじいことどもと自分たちのあいだに、輝かしいオリュンポスの神々という夢のような所産を置かねばならなかったのだ。自然に潜む巨大な力への強烈な不信感、いっさいの認識を越えて容赦なく君臨するあのモイラ〔運命の糸を操る三人の盲いた老女の女神、この運命にはオリュンポスの神々もしたがわねばならない〕、人間の偉大な友であるプロメテウスを突っつくあの鷲、賢いオイディプスを襲うあの恐るべき運命、オレステスに母殺しをさせるアトレウス一族にかけられた呪い」「こうした恐ろしく凄まじい現実をギリシア人は、オリュンポスの神々というあの芸術的な中間世界によってそのつどなんども克服したのだ」「生きることができるためにギリシア人たちはこうしたオリュンポスの神々を心底からの必要にしたがって生み出さざるをえなかったのだ」(同第三節)

ディオニュソス的ギリシアと言えば、すでに『仮面の告白』(一九四九年)にも、ディオニュソス的祭祀を思わせるシーンがある。夏祭りの神輿を担ぐ若者たちを描いた数行である。「唯一《ただ》つ鮮やかなものが、私を目覚《おどろ》かせ、切なくさせ、私の心を故《ゆえ》しらぬ苦しみを以て充たした。それは神輿の担ぎ手たちの、世にも淫らな・あからさまな陶酔の表情だった。……」(4)。ここで言われている「陶酔」こそは、ニーチェがディオニュソス的なものの言い換えに使った言葉(Rausch)である。『アポロの杯』には、三島本人が自由が丘の祭りで神輿を担いだ経験を描いた「陶酔」と題されたエッセイも収められている。ここには三島由紀夫の男性志向も働いているかもしれない。後に三島はアルカイックなギリシアのさまざまな風習と、神輿に代表される日本の行事との共通性を再三指摘する。仮象としての美には、暴力や残虐が、殺戮と流血が、そして死と没落が、それへの「陶酔」が本質的に内属していると信じていた。東京大学全共闘学生との有名な議論で彼は、「わたくしは生まれてから一度も暴力に反対したことはない」と、自分自身へのいささかのイロニーを込めながらも、よどみなく述べて、会場の笑いを誘っている(5)。

三島由紀夫はこうしたニーチェの演劇観から決定的な影響を受けた。『近代能楽集』のいくつかの構成に影響が明らかである。『朱雀家の滅亡』では、音楽と海というテーマ立てにも見ることができる。音楽と海はまた、ニーチェを介してのヴァグナーの『トリスタンとイゾルデ』のモチーフでもある。そういえば、自身が監督、主演した映画『憂国』で背景音楽として『トリスタンとイゾルデ』が流れていたが、ニーチェの『悲劇の誕生』自身がこの楽劇の影響下に書かれていた。自然の奥底の深さと恐ろしさを静かに体現する海から音楽がわき上がり、それが可視的な形態をとるというディオニュソス＝トリスタン・モチーフの三島なりの変形は三島としては「健康な」内容の『潮騒』にも出てくる。「若者は彼をとりまくこの豊饒な自然と、彼自身との無上の調和を感じた」「彼の聴く潮騒は、海の巨《おお》きな潮《うしお》の流れが、彼の体内の若々しい血潮の流れと調べを合わせているように思われた。新治は日々の生活に、別に音楽を必要としなかったが、自然がそのまま音楽の必要を充たしていたからに相違ない(6)」。『音楽の精神からの悲劇の誕生』(『悲劇の誕生』)が伊勢湾の歌島(実名は「神島」)に多少なりとも強引に移植されている。運命観は、小説『真夏の死』の海と運命の不可思議な結合にも生きている。

三島由紀夫は、ニーチェの描くディオニュソスの陶酔とともにアポロも愛した。それは、規律と節度を重んじるヴィンケルマン的なアポロである。つまり、十八世紀後半からのヨーロッパのエリートが模範とした古典主義ギリシアである。だがそれはまた同時に、あるいはそれ以上に、アジア的ディオニュソスに対するアポロの戦いという先の文章からもわかるとおり、規律と節度を過剰に重視するドーリア的＝スパルタ的アポロでもあった。『鏡子の家』で「希臘《ギリシア》人の肉体がもっていた詩的形而上的なもの(7)」について語る三島の、胸の筋肉の薄い軟弱な知識人への軽蔑は、晩年の「楯の会」にまで至っている。

「『知識人』と呼ばれるあのむらがりよる蛆虫どもを追っ払ってやるがいい。かれらは英雄たちの汗をなめて――舌つづみをうっている!」(『ツァラトゥストラ』第三部「古い石の板と新しい石の板」一八節)

「戦争より平和を尊重する哲学、幸福の概念の否定的理解を持った倫理学、最終目的、なんらかの最終状態をめざす形而上学や物理学、別の世界、彼岸の世界、外の世界、上の世界を求める美的もしくは宗教的欲望、そうしたいっさいを見ると、こうした哲学者に霊感を与えたのはひょっとして病気なのではなかろうか、と問うてもいいだろう」「[……]およそ哲学というものは、これまで大体において肉体の解釈にすぎず、肉体の誤解にあったのではなかろうかと、私はあまりにもしばしば自問した」(『喜ばしき知識』前書き二番)

一九五二年の世界旅行記『アポロの杯』のなかには、この若い日本の作家が、デルフォイの神殿に立って、白亜の大理石に滴り落ちる生け贄の赤い血を夢見るシーンがある。「空の絶妙の青さは廃墟にとって必須のものである」「たとえば、ディオニューソス劇場を見るがいい。そこではソフォクレースやエウリピデースの悲劇がしばしば演ぜられ、その悲劇の滅尽争(vernichteter Kampf)〔正しくはvernichtender Kampf〕を、同じ青空が黙然と見戍《みまも》っていたのである」「今日も私はつきざる酩酊の中にいる。私はディオニューソスの誘いをうけているのであるらしい」「今日も絶妙の青空。絶妙の風。夥《おびただ》しい光。……そうだ、希臘の日光は温和の度をこえて、あまりに露《あら》わで、あまりに夥しい」「希臘人は外面を信じた。それは偉大な思想である。キリスト教が『精神』を発明するまで、人間は『精神』なんぞを必要としないで、矜《ほこ》らしく生きていたのである」「アポロの神殿は巨大な三本の円柱が、その壮大を偲ばせるだけで、大理石の台座がいたずらに白々とひろがっている。犠牲の叫びは円柱に反響し、その血は新しい白皙《はくせき》の大理石の上に美しく流れたにちがいない。希臘彫刻において、いつも人間の肉を表現するのに用いられたこの石は、血潮の色とも青空の色ともよく似合う」(8)

語学的にはまちがっていても、うろ覚えのニーチェめいたドイツ語が、三島のニーチェ熱のすべてを物語る。「キリスト教が『精神』を発明するまで、人間は『精神』なんぞを必要としないで、矜らしく生きていたのである」は、ニーチェ思想の正確な言い換えである。「創造する身体がその意志の道具として精神を創造したのである」(『ツァラトゥストラ』第一部「身体の軽蔑者」)。

すでに学習院高等科の時代からこうしたニーチェの芸術観が、倒錯のエロスのなかでの見神体験や同性愛の美学に、瞬間における世界の崩壊と美による常識の破壊につながることを知っていた。病弱で読書好きの少年が殉教するセバスチャンの裸体を見ながらはじめて味わうめくるめくような自慰体験(『仮面の告白』)とニーチェのテクスト、この両者が、ビアズレーの絵のサロメの首から滴る血のなかで融合することを知っていた。

こうした倒錯と残虐の美学と通底するニーチェの文章を少し読んでみよう。誘惑する神ディオニュソスについて晩年のニーチェはこう書いている。

「こうした種類の神(ディオニュソス)もしくは哲学者にはひょっとして羞恥心が欠けているのではないか？　例えばあるとき彼はこう語った。『場合によっては私は人間を愛することもある』。そう言いながらその場に居合わせたアリアドネの方を見やった。私から見ると人間は気持ちのいい、勇敢な、そしていろいろなことを考えだす動物だ。この地上におなじような存在は他にいない。どんな迷宮にあってもなんとかやっていける。私は人間に好意をいだいている。どうやったら人間をさらに前に進めることができるか、つまり、今よりも強く、悪く、そして深くできるか、そういったことについてわたしはしばしば思いをめぐらす。『より強く、より悪く、より深くですって？』とわたしは驚いて問い返した。『そのとおり』と彼はもういちどこう言った。『より強く、より悪く、より深くです。そしてさらにより美しくです』。そう言いながらこの誘惑の神は、彼らしい静穏な笑い方をした。あたかも見事な社交的言辞を言ってのけたような笑い方だった。すぐに見て取れるが、こうした神には羞恥が欠けているだけではないようだ。そもそも、いくつかの場合には神々が皆、われわれ人間のところで学ぶための学校に入った方がいいと思えるもっともな理由がありそうだ。われわれ人間たちは、神々よりも、人間的なのだ……」（『善悪の彼岸』二九五番）

「どんな芸術も、どんな哲学も、伸びゆく生の、戦う生の治癒剤、補助手段というように見てもいいだろう。そうした芸術や哲学は、つねに苦悩というものが、そして苦悩する者たちがあってのことである。とはいえ、苦悩する者にも二つの種類がある。ひとつは、生のあまりの過剰に苦しむ者たちである。かれらはディオニュソス的芸術を望む。同じく生についての悲劇的見解、生についての悲劇的洞察を望んでいる。もうひとつの種類は、生の貧弱化に苦しむ者たちである。やすらぎとしずけさを、凪《な》いだ海の面を、芸術と認識を通じての自己からの解放を、あるいはまた、恍惚と痙攣を、麻痺を、そして狂気を望む者たちだ。後者の種類における（静けさと痙攣を求めるという）二股の欲求に相応するのが芸術と認識におけるいっさいのロマンチシズムである。同じくヴァグナー、またショーペンハウアーもこれに見合っていた（また現在でも見合っている）。当時私が誤解したこの二人の、最も有名な、また明白なロマン主義者の名を挙げれば十分だろう」「生命力が豊かで、生に最も満ちあふれた者、つまりディオニュソスの神、そしてディオニュソス的な人間は、最も恐るべき光景、きわめて疑わしい光景でもみずから甘んじて受けた。それどころか、最も恐るべき行動ですら、そして、破壊や解体や否定という贅沢すらもやってのけてしまうのだ。そうした神や人間にあっては、悪、無意味、醜悪がいわば許されているようだ。それは、かれらがはちきれんばかりの生命力を、生み出す力を、どんな砂漠でも豊かな沃野に変える力を備えているためである」(『喜ばしき知識』三七〇番「われら怖いもの知らず」)

第三節　静かな充実の風景

晩年のニーチェには、初期の『悲劇の誕生』にあったような残虐の芸術化、祝祭への昇華にともなう共同体のたちあげと維持といった文化的かつ社会的な共同生活の側面が消失し、超人の孤独なるものに走りがちだった。どうも三島由紀夫も同じかも知れない。彼も、最終的に独善的な美と倒錯の世界に走った。

とはいえ、三島由紀夫には、巨大な自然の荒れ狂う力と別に、そうした自然が一瞬の均衡に達した、いわば静かな充実の風景を描いた文章も多い(例えば『鏡子の家』の中の富士山麓の夕暮れの描写)。海と夕暮れの描写は三島由紀夫が得意とするものだった。

ニーチェもその点は同じである。そうした文章を少し読んでみよう。

「静かに！　静かに！　世界はいままさに完全になったのではないか？　それにしてもわたしの身に何が起こるのであろうか？　そよ風が、鏡のように凪いだ海の上で、目には見えず、鳥の羽毛のような軽やかさで踊る、――」

「わたしの奇妙な魂よ！　なんとそれは身をのばし、ぐったりとしていることだろう！　第七日の夕べが、ほかならぬこの正午に、わたしをおとずれてきたのか？　わたしの魂は、すでにあまりにも長いこと、みごとに熟《う》れた事物のあいだを恍惚として歩きまわったのか？」

「――それはこのうえなく静かな入江にはいってきた船のようだ。――船はいま陸地に身をよせている。長い旅路と不安な海に疲れて――」

「静かな入江のそうした疲れた船のように、――そのように、わたしも、いま大地にひれふしている。大地に忠実に、信頼をよせ、時を待ちながら、ほんのかすかな糸で大地につなぎとめられている。

おお、幸福！　おお、幸福！　お前は歌いたいのか、わたしの魂よ？　草のなかに横たわって。だが、いまは牧人もその笛を吹かない、秘やかな、おごそかな時刻だ。

おそれるがいい！　熱い正午が野づらにまどろんでいる。歌うな！　静かにせよ！　世界は完全だ」(『ツァラトゥストラ』第四部「正午」)

太陽が中天にかかる正午、青い空と強烈な太陽、遥かに広がる水平線を望む丘の上、いっさいが眠り、停止するとき、つまり「世界が完全になる正午」にパンの神が、牧神が現われる。この地中海世界の伝説を受けた散文詩。牧神をディオニュソスの従者とするバージョンも絡んでいる。生命力の爆発ではなく、静かなやすらぎという生命の豊かさ、鎌首をもたげる欲望ではなく、万物の響きとの一体感、そうした古代世界のモチーフである。このモチーフは三島由紀夫も、先に引いた『潮騒』の一節からもわかるように、当然知っていて多用している。

正午ではないが、秋や昼下がりや夕暮れ、そして壮麗な日没の静かな充実についてのニーチェの似たような、三島由紀夫が気に入ったであろう文章も読んでみよう。

「いちじくの実が木から落ちる。甘い豊かな実だ。落ちながら、その赤い皮は裂ける。わたしは熟れたいちじくの実を落とす爽かな北風だ。

いちじくの実のように、友よ、これらの教えもあなたがたのもとに落ちる。さあ、その果汁と甘い肉をすするがいい！　あたりは秋、澄んだ空、昼さがり。

見るがいい、わたしたちをとりまく何という充実のけはい！　そしてこの溢れるような豊かさのなかにあって、はるかにひろがる海を眺める感動」（『ツァラトゥストラ』第二部「至福の島々で」）

ここにはナポリ湾のイスキア島のイメージがあるとされている。次はジェノヴァ湾の夕暮れ。

「ここは海だ。ここならわれわれは、都会を忘れることができる。おりしもその都会の鐘はアヴェ・マリアをしきりと打ち鳴らしている――あの昼と夜の別れ目の、暗く、愚かな、しかも甘美な響きを、――だが、それもほんの束の間だ！　いまはいっさいが沈黙する！　海は蒼ざめ、きらきらと輝いて横たわっている。海はなにごとも語ることができない。大空は赤や黄や緑の色を駆使して、その永遠の暮れゆく無言劇を演ずる」「それらはなにごとも語ることができない。われわれに突然襲いかかるこの巨大な沈黙は、まさしく美であり、戦慄だ。わたしの胸ははりさけそうだ。物を言うこと」「否、考えることも、自分には厭わしくなる。ひとつひとつの言葉の背後に誤謬や空想や狂気が笑っているのが私に聞こえないだろうか？」「おお、大海よ！　おお、夕方よ！　君たちはよくない師匠だ！　君たちは人間に人間たることをやめよと教える！　人間は君たちに身を捧げるべきだろうか？　人間は君たちが今あるごとく、蒼ざめて、輝いて、沈黙し、巨大に、自己自身を超えた平安の境地に住むようになるべきだろうか？　自己自身を超えた崇高さに？」(『曙光』四二三番)

「太陽は、その無尽蔵の富を傾けて、黄金を海にふりまく、――そのときは、最も貧しい漁夫までが、黄金の櫂《かい》で漕ぐことになる！　わたしはかつてこの情景を眺めて、心打たれ、涙をとどめるすべを知らなかった」（『ツァラトゥストラ』第三部「古い石の板と新しい石の板」三節）

第四節　警句と価値論

三島由紀夫を読んだ者ならば誰でも知っているとおり、彼の小説では、語り手が登場人物に寄り添うようにして、さまざまな自家製の警句、さらには哲学的もしくはエセ哲学的感慨が、心理学的考察が、そしてちょっと理屈っぽく、翻訳ドイツ語的な難解な言語を駆使した逆説が、少しトーマス・マンめいて、きらびやかに展開されている。例えば、社内の出世競争などには興味がないが、他人に代わって出世するのが好きな心理を述べた「他人の野心の目標をただ無意味にかすめとってやること、それは善であった！」(9)などがそうであるし（『道徳の系譜学』第二論文第六節には「他人が苦しむのを見るのは快適である」とある）、あるいは、芸術家について「天才の悲劇に関するあの夥しい俗説よ！　人々は天才の不気味な無限の享楽の能力や、その陰惨なたのしみの無限の連鎖に決して気がつかない」(10)などもそうである。三島の小説には華麗な風景描写とともに、こうした同じく華麗な箴言めいたものがちりばめられている。筒井康隆が「絢爛豪華金襴緞子満艦飾」(11)と皮肉る多少なりともキッチュな文体である。

斜に構えて、通常の価値観や道徳観と異なる世界を切り開いてみせるこうした視角は、天邪鬼《あまのじゃく》にして反逆児であるニーチェの真骨頂でもある。そしてこのニーチェ自身は、またモンテーニュやラ・ロシュフコーといったフランスのモラリストたちに多くを負っている――おそらく三島由紀夫も。まずはわかりやすい世態風俗の観察から。

「半可通――外国語を少ししか話さない人の方が、その言葉を上手に話す人よりも、話す楽しみが多い。この場合の楽しみは半可通のものだ」(『人間的な、あまりに人間的な』五五四番)

「女の友情――女たちは立派に一人の男と友情を結ぶことができる。しかし、この友情をしっかりと保つためには、ちょっとした生理的反感が手伝っていることが必要である」(同三九〇番)

「破綻や不倫のほうが、ゆがめたり、いつわっている結婚よりは、ましだ。ある女性がわたしに言った。『たしかにわたしは夫婦の誓いを破りました。しかし最初に結婚のほうが――わたしというものを破ったのです!』」(『ツァラトゥストラ』第三部「古い石の板と新しい石の板」二四節)

「人は人間愛に駆られて、時にはその場に居合わせた適当な人を抱擁する(なぜならすべての人を抱擁することは不可能だから)。だが、まさにその適当な人であることを当

人に話してはならないのだ」(『善悪の彼岸』一七二番)

ここからは少し価値設定の仕組みを暴露する哲学に関係してくる。

「あらがうもの――自分自身のなかに次のような動きを観察できるはずだ。この動きがしばしば観察され、そのとおりだと認められて欲しいものだ。これまで知らなかった快楽の気配がわれわれのうちに立ち上がってくることがある。それとともに、新しい欲望も。ここで重要なのは、この欲望にあらがうものはなになのか、ということである。あらがうのが、下劣な事物や配慮であり、またわれわれがあまり重視していない人々であると、新しい欲望の目的は、『高貴、善、賞賛すべき、犠牲にあたいする』といった感情の衣装を纏う。遺伝によって継承された道徳的性向のいっさいがいまやこの目標を取り込み、道徳的と感じられるさまざまな目標につけ加える。そうするとわれわれはもはや快楽を追求しているのでなく、道徳性を求めているのだと思い込んでしまう。このことは、われわれの追求の信頼性をきわめて高めることになる」(『曙光』一一〇番)

「幸福を最も生き生きした力の感情であると考えるなら、およそこの世で、迷信的な禁欲主義者の魂の中におけるほどに大きな幸福はなかった」(同一一三番)

「あるときは聖者はあの自己自身に対する反抗をする。この反抗は支配欲の近親であり、最も孤独な者にもなお力の感情を与えるものである」(『人間的な、あまりに人間的な』

一四二番)

社会的連帯や隣人愛や平等の追求を晩年のニーチェはよく畜群道徳と罵倒した。羊の群れのようにおとなしく、誰もが特別の存在にならないようにする価値観ということだろう。そうした価値観の拡大の理由についてさまざまな考察がなされるが、それは十九世紀の幻想を告発するものでもあった。

「道徳的価値判断の基準となる有用性なるものが集団にとっての有用性であるかぎり、つまり、共同体の維持にのみ視線が向けられているかぎりは、そして、ただひたすら共同体にとって危険に思われるものごとのみ非道徳的とされているかぎりは、『隣人愛の道徳』などというものはありえない。もちろん、そういうときでも、すでに相互のおもいやり、同情、公平、やさしさ、相互扶助などのちょっとした訓練がなされていたかもしれない。あるいは、社会のこうした段階にあっても、のちに『美徳』といった名誉ある名称を受け、『道徳』の概念とおなじものとなるような衝動がすでに働いていたと見てもいいかもしれない。だが、あの時代(キリスト教が成立する以前の時代)にあっては、こうした衝動はまだ道徳的な価値評価の王国にはまったく入ってこなかったのだ。こうした衝動はまだ道徳の枠の外だったのだ。例えばローマの最良の時代には、同情にもとづく行動は善でもなければ悪でもなく、道徳的でもなければ非道徳的でもなかった。こうした行動が賞賛されたとしても、それは、全体、つまり、共和国(res publica =公共の事柄」にとって役立つようななんらかの行動と比較されると、一種のたくまざる軽蔑といとも簡単に取り替え可能なものだった。最終的には『隣人愛』なるものは、隣人への恐怖にくらべれば、いつもどこか二次的でどうでもいいもの、部分的には旧陋で、恣意的で、見かけだけのものといった面があった。社会の組織が全体として固まってきて、外部からの危険に対しても安全になったように見えてくると、こんどは、道徳的価値評価にあらたな見方を生み出すのは、まさにこの隣人への恐怖になるのだ。ある種の強力で危険な衝動、たとえば新しいことをしたがる活気、無鉄砲な勇敢さ、復讐欲、狡猾さ、略奪欲、支配欲、こうした、これまでは共同体に役立つという意味で栄誉に浴していたどころか——当然のことながらここで挙げた名称ではない別の名前で栄誉に浴していたのだが——身につけるように訓練されてきた衝動（全体が危険に曝されているときには全体の敵に対してこうした衝動が必要だったのだから）は、いまや——発散の回路がなくなってしまったために——その危険性が二重に大きく感じられることになる。そして、しだいに非道徳的というレッテルを貼られ、誹謗の対象となる。いまや正反対の衝動や性向が道徳上の栄誉に浴するようになる。畜群の本能が一歩一歩とその成果をあげはじめる。どのくらい皆にとって危険な要素が、平等にとって危ない要素が、ある見解のなかに、ある状態や情念の中に、ある意志のうちに、ある才能のうちに潜んでいるか、この問いがいまや道徳的見方となってしまった。ここでも恐怖が道徳の母である。最高の情熱、最も激しい衝動は、情熱的に爆発して、月並みな存在を、低俗な畜群の良心を遥かに越えて個人を突き動かし、高めて行くものだが、共同体の自己感情はそうした衝動によって粉砕されることになる。共同体の自信、そのいわば背骨が折れてしまうことになる。それゆえひとびとはまさにこうした衝動を白眼視して、誹謗するわけである。独立自尊の孤高の精神、孤立への意志、大いなる理性はもうそれだけで危険視される。畜群を越えて個人を高めゆくもの、隣人に恐怖を引き起こすもの、そうしたいっさいはいまや悪の名をもたされる。逆に安手で、温和で、適応力があり、皆とおなじにしようとするような志操、凡庸なる欲情は、道徳的な名称をもらい、栄誉に浴する。ついにはきわめて微温なる状況のもとでは、自己の感情を厳しく強く訓育する機会も必要もますますなくなっていく。いまやいっさいの厳しさが、正義における厳しさすらが、良心の邪魔になる。気高く、厳しい高貴さ、そして自己責任は、ほとんど侮辱となり、不審の念を引き起こす。『羊』が、いやそれ以上に『まどろみ』が尊敬を獲得する。そして社会の歴史において病的な熟し過ぎ、やさしさの過剰が訪れる一点があるものだ。そこをすぎると、社会は、社会を損なう者すら、犯罪者すら擁護するようになる。しかも本気に正直に擁護するようになる。刑罰などというものは、社会から見てなんとなく不当に感じられてくる。『罰』という観念が、『罰するべき』という観念がつらいものとなり、恐ろしく感じられてくる。『犯人を危険でなくするだけで十分ではないのだろうか？　なんでその上に罰するのだ？　罰すること自体が恐ろしいことだ！』」「今日のヨーロッパ人の良心を調べてみると、幾千となくある道徳的隠れ場や皺の奥からつねに同じ命令を引きずり出すことができるだろう。びくびくとこわがる畜群の命令である。いつの日か、恐ろしいものがいっさいいなくなるようにしたいものだ、というわけだ。いつの日かだ。それに向かう意志と道が今日のヨーロッパではどこでも『進歩』と称されている」（『善悪の彼岸』二〇一番）

第五節　仮　面

さらには、「仮面」への愛と、大衆蔑視、文化的様式への偏愛は三島由紀夫がニーチェから受容した重要な側面である。

『仮面の告白』の主人公はまさに意識による自己操縦と、自らの性的深淵との乖離を主題に生きていたし、『鏡子の家』の清一郎も、戦後しばらくして世の中が落ち着き始めた頃に、世界は必ず没落するという信念を持ちながら、かりそめの政略結婚の仮面の生活を選択した。三島由紀夫にあっては、仮面とイロニーは不可分につながっていた。

ニーチェも好んで仮面と偽装について語った。

「すべて深いものは仮面を愛する」（『善悪の彼岸』四〇番）

「深く悩み苦しんだ人間すべての抱く精神的高慢と嫌悪感——そもそもどのくらい深く悩み、苦しむことができるかは、ほとんど人間の序列を決めるものだ——、自分の苦悩のゆえにどんなに頭のいい、物知りの人たちが知っているよりもより多く知っているという、うち震えるような確信、はるか遠くの恐ろしいいくつもの世界でも知られているし、またそういうところで『暮らした』こともあるという、うち震えるような確信、お前たちはそんな世界をまったく知らないではないか！　というわけだ」「深い苦悩は高貴を生む。深い苦悩は違いを作る。最も繊細な形式の偽装のひとつは、エピキュリアンであることだ。趣味において今後に向けて見せびらかす、ある種の勇敢さのことである。つまり、苦悩を気楽に受け止め、いっさいの悲しげな様子や深さなるものに対して抵抗する勇敢さのことだ。誤解してもらえるがゆえに明るいふりをする『明るい人々』というのがいるものだ。学問が『明るい』印象を振りまくがゆえに、そして学問性を見ると、その人は浅薄であると推測されうるので、学問を利用する『学問的人間』というのもいるものだ。彼らは間違った結論へと人を誘いたいのだ。みずからが破れた魂、誇り高くかついやしようのない魂(ハムレットのシニシズム、ガリアーニのケース)〔ガリアーニ(一七二八—八七)はナポリの政治家。外交官としてパリにも滞在。啓蒙主義者だが、当時最も機知に富んだ人物とされ、いささか正体不明なところがあった〕であることを隠す、いや隠したがる自由かつ不遜な精神というのもあるものだ。ときとしては、愚人ぶることこそのものが、不幸な、しかし確実な知識の仮面となる。それゆえ、『仮面に対して』畏敬の念を抱くこと、そしてまちがった場で心理を推し量ったり、好奇心を示したりしないことが、繊細な人間性に含まれることがわかる」(『善悪の彼岸』二七〇番)

「隠棲者の書いたものからはつねに、なにか荒野の木霊《こだま》めいたもの、孤独のなかからのささやきや、ひそやかにおびえながら周囲を見回す気配とでもいうものが聞き取れる。……隠棲者は、およそいままでに哲学者が、……自分の『本来の最終的』な見解を書物のかたちで表明したとは、信じていない。……哲学者にあっては、どんな洞窟の奥にも今ひとつのもっと深い洞窟があるのではなかろうかという疑いを抱いている。いや、そうしたもっと深い洞窟があるに違いないと思っている――表面のはるか上にもっと広大な、もっと異なった、もっと豊かな世界があるに違いないと思っている――どんな哲学もいまひとつの哲学を隠している。どんな見解もまたひとつの隠れ家であり、どんな言葉もまたひとつの仮面なのだ」(同二八九番)

『鏡子の家』で、愛してもいない女性と心中した友人について三島由紀夫は、皮肉を愛するもう一人の主人公に「彼はそれまで死を意志するあまり、熱狂的に仮面を意志したのだ」と言わせている。(12)

三島由紀夫は鷗外を尊敬していたが、その鷗外がはじめてニーチェ的モチーフをレーゼドラマ(読むためだけに書かれたドラマ)にした作品が「仮面」というのも面白い。みずからも結核にかかった医者が、当時では「死病」とされたこの病にかかっていないかのように、「仮面」をかぶって勢いよく生きて行くという決断の話である。

仮面の思想はまたエリートの思想でもありうる。自分だけは人と違って、そんな簡単にわかられてたまるものか、という自ら選んだ孤立、いや孤高でもある。しかし、すでに自らが隠れていることを、絶対の孤立を外に語りださざるをえないという矛盾は、公共性やコミュニケーション抜きには思想は思想であり得ないことを証左している。つまり単独者も隠棲者も、自らが馬鹿にする大衆からの承認を求めていることになる。この矛盾はキルケゴールにいちばん現れているが、孤高と優越を語り、大衆を蔑視するニーチェの思想もそうした、承認渇望と承認拒否のあいだの自傷的孤独の悲哀を漂わせている。それは同情を拒否する次の文章にも読み取れる。

「人間たちとともに生きるのがむずかしいのは、口をきかないでいるのが、むずかしいからだ。わたしが自分で、もっとも不当な態度をとっていると感じるのは、わたしの気にくわない人間にたいしてではなく、何ひとつわたしの関心をひいていない人間に対してである」「ひとは自分の感情を抑えなければならない。感情に流されれば、やがて頭脳も流失してしまう！　ああ、同情者のしたような大きな愚行が、またとこの世にあるだろうか？　また、同情者の愚行以上に、大きな害悪を、世に及ぼしたものがあろうか？　およそ愛する者で、同情を超えた高みを持っていない者は、わざわいなるかな！　悪魔がかつてわたしにこう言った。『神もまた、その堕《お》ちる地獄を持っている。それは人間への愛だ』。ついこのあいだも、わたしは悪魔がこう言うのを聞いた。『神は死んだ。人間への同情のために、神は死んだ』。——」(『ツァラトゥストラ』第二部「同情者たち」)

ニーチェは、べとべとした同情を嫌った。あるいは嫌うふりをした。それも三島に気に入ったようだ。

「憎みではなく、嘔吐感だ。わたしの人生を虐げたのは！　ああ、賤民にも抜目のない精神の持主がいると気づいたとき、しばしばわたしは精神そのものに嫌気がさしたのだった！　支配者たちにも、わたしは背を向けた。わたしはかれらがこんにち、何を支配と呼んでいるのかを知った。かれらが支配と呼ぶものは、——賤民を相手どっての、権力をめざした商売取引にすぎない。いろんな国民のなかで、わたしは言葉の通じない者として、耳を閉ざして暮らした。かれらの利権あさりの用語や、その取引沙汰に縁なき者でありたかった。わたしは鼻をつまんで、すべての昨日と今日の出来事のなかをふきげんに歩いてきた」(『ツァラトゥストラ』第二部「賤民」)

「賤民を相手どっての、権力をめざした商売取引」はニーチェから見れば、ニヒリズムとしてのエセ民主主義そのもの。「わたしなりのニヒリズムの研究である」と三島由紀夫自身が語っている『鏡子の家』のなかで語り手は朝鮮動乱で一儲けする商事会社についてこう述べている。「政府は明治の昔から、かれらの威張りくさった用心棒に他ならず、この野暮な用心棒の一挙手一投足が、お店者《たなもの》の笑いを誘うのが常であった」(13)。マルクスも「政府は資本の執行委員会である」(『共産党宣言』)と述べている。

三島はまた消費に埋没する大衆が嫌いだった。『鏡子の家』で経済成長下の日本社会を形容して彼は、「仮寝の軒に埋まって」いる「豚小屋のようである」と述べている(14)。「現在を物倦く生きている毎日があるだけだった」(15)。「われわれの時代は久しく高尚な熱狂を忘れていた」(16)。

このあたりは、『ツァラトゥストラ』の中の次の言葉にも相応しているだろう。「『ああ、われわれが溺れ死ぬことのできるような海は、どこに残っているのか』、これがわれわれの嘆きの声、——浅い沼を前にしての嘆きの声だ」(『ツァラトゥストラ』第二部「預言者」)。

第六節　文化純化論の自己矛盾

大衆蔑視と一対をなすのが文化的様式への偏愛である。その点で三島は「真の文化は閉じられた地平のなかでのみ可能である」というニーチェの考えを引き継いでいる。ニーチェの言葉を引けば「つつみ込んでくれる雲」のなかでのみ生きた文化は存在するという、いわゆるコンテクスト主義の思想である。コンテクスト主義とは、価値や規範はそれぞれの文化によって異なり、当該の文化の中でのみ意味を持つという考えである。卑近な例で言えば、日本には日本のやり方があるのだから、日本における男女差別には外国や知識人はとやかく言うなという議論にもなる。特にこの問題を論じている『生に対する歴史の利害』という表題を持つ『反時代的考察』第二論文でニーチェは、あきれるほど月並みだが、アルプスの谷間の村の閉鎖空間なども例に挙げている。自分の町が世界であるような人々のことだ。とはいえ、ニーチェが彼の教養のなかでなによりも念頭に置いていたのは、ソクラテス以前のアルカイックなギリシア文化、まだそれぞれの地域に別個の神々が支配し、都市国家ごとに文化と神話が異なり、そうした都市国家群が戦いあっていた異教的ギリシアである。その経験から、文化的に創造的な民族は、その民族を他から区別する独自の道徳を持っていると、ニーチェは再三再四説くことになる。『ツァラトゥストラ』には次のようにある。

「まず善悪の評価が必要である。それによって民族は生きてゆくことができる。しかし、およそ存続するためには、その民族は隣りの民族が評価するとおりに、評価してはならない」(『ツァラトゥストラ』第一部「千の目標と一つの目標」)

周知のとおりニーチェは、こうした考えを十八世紀啓蒙に発する道徳的普遍主義の批判に使った。三島由紀夫はこのニーチェのテーゼをいろいろなかたちで使っているが、典型的なのは、プレモダンな雰囲気の残っている小島を舞台とする『潮騒』、特にその最後である。さまざまな妨害にあいながらも、初江を獲得した新治の感慨が次のように記されている。「今にして新治は思うのであった。あのような辛苦にもかかわらず、結局一つの道徳の中でかれらは自由であり、神々の加護は一度でもかれらの身を離れたためしはなかったことを。つまり闇に包まれているこの小さな島が、かれらの幸福を守り、かれらの恋を成就させてくれたということを。……」(17)。「一つの道徳の中で」こそ「自由」はあるというのだ。

さらにこの考え方をニーチェは現代世界の混乱を批判するために言い換え、ある民族の文化が本当にその名にあたいするには、「そのすべての生活表現における芸術的様式の統一性」を持っていなければならないとも述べている(『反時代的考察』第二論文二節)。三島の作品のいたるところで、元来は歴史主義への批判であったニーチェの議論が多彩に変奏されている。例えば「日本への信条」と題された一九六七年の文章にはこうある。「昔の日本には様式といふものがあり、西洋にも様式といふものがあつた。それは一つの文化が全生活をすみずみまでおほひつくす態様であり」「文化とは生活のすみずみまで潔癖に様式でおほひつくす力であるから、すきや造りの一間にテレビがあつたりすることは許さないのである」(第三四巻二八九ページ)。旧仮名遣いであるところが象徴的である。

これは恐るべきコンテクスト主義であり、言葉を変えて言えば、「ドイツ的なもの」「フランス的なもの」「日本的なもの」が永遠不変の実体として存在すると考える、信じられないほどの文化本質主義で、私はとても認めることができないし、実際にこういうことを言う三島もその日常生活は、きらびやかなヨーロッパ風自邸と剣道好きが並存しているとおり、これと相反するものだったのだが、それはさておいて、こうした考え方にとって中心的な概念が〈神話〉である。神話こそが、文化の統一性を保証するとされる。ところがこの神話なるものも両義的である。一方では、神話は守り、保護してくれるものであり、『潮騒』の引用で見たようにハッピーエンドを可能としてくれる幸福の地平でもある。しかし同時に他方で、神話は恐怖であり、テロルでもある。神々への、人間にとっては残酷な犠牲を、そして運命の支配を意味する(例えば『真夏の死』。包みこみ守ってくれる地平と残虐空間の共存は『近代能楽集』にも、『獣の戯れ』にも『愛の渇き』にも、そしてなによりも『豊饒の海』にも見ることが出来る)。同質的な文化による保護と恐怖のこの両面に、ニーチェも三島も目を据えていた。もちろん、今日のわれわれの感覚から見て、様式の純粋な統一性なるものと、神話の残虐は相和し得ないものだが、まさにこの相和し得ない両者を追い求める点で、三島はまぎれもないニーチェの弟子である。

とはいいながら、ここでも注記しておかねばならないことがある。それは、ニーチェは、純粋なる様式の統一性を自分のドイツ文化の中に求めるなどということは、つまり、三島が日本の伝統の中に求めたように求めるなどということは、夢にだに考えたことはないということである。ここで二人の道は別れる。ニーチェは自分の国ドイツが嫌いだった。「本当にドイツ的であるということは、脱ドイツ化することである(gut deutsch sein heißt sich entdeutschen)」(『人間的な、あまりに人間的な』第二部第一巻三二三番)とニーチェは書いている。「私のいっさいの本能に反する種類の人間を想像してみると、そこには必ずドイツ人が出来上がる」(『この人を見よ』「ヴァグナーの場合――音楽家の問題四」)。それに対して三島は、自分自身の伝統に、しかも実際には極めて多様な要素からなるはずの伝統に、純粋かつ純一的な文化の具現を見ようとした。おそらく本人も、無理なことは自覚していたであろうから、その点で一抹のイロニーを込めてであるが、はじめから無理な試みであった。

『美の襲撃』に収録されている「魔」という文章は、ニーチェ的三島の行く末をすでに暗示していた。「死の権力意志は夢想の上に成り立ち、不可能の上に腰を据えている。それは殉教者の死、間諜の死、間諜の処刑、追い詰められた叛徒の自決などに関連している」。(18)

(1)『ツァラトゥストラ』第三部「古い石の板と新しい石の板」二八節。

（2）三島由紀夫・手塚富雄「対談　ニーチェと現代」、『世界の名著』第四六巻『ニーチェ』（中央公論社、一九六六年）付録月報二ページ。ちなみに、ドイツ語では、「ニーチェイスムス（Nietzscheismus）」（英語読みにすれば、「ニーチェイズム」）という言葉はなくはないが、用例は非常に少ない。慣用化しているのは「ニーチェアニスムス（Nietzscheanismus）」である。最初の用法は、スウェーデンの作家・詩人オーラ・ハンソンによる一八八九年の文章の中とされている。デンマークの批評家ゲーオア・ブランデスなどが広めた。極端な個人主義のことであり、三島が込めている思いとは無関係である。「ニーチィズム」は、三島が多少のドイツ語の知識にもとづいて作ったものと思われる。「ニーチェアニスムス」および「ニーチェイズム」の用法については、Schneider, Anatol, *Nietzscheanismus. Zur Geschichte eines Begriffs*〔『ニーチェアニスムス――ある概念の歴史』〕, Würzburg, 1997, S. 50-59 参照。

（3）三島由紀夫の引用は他に明記していないかぎり、新潮社の『決定版三島由紀夫全集』（全四二巻、補巻・別巻各一、二〇〇〇―〇六年）の巻数とページ数を本文中の括弧に記す。

（4）三島由紀夫『仮面の告白』（新潮文庫、二〇〇三年）三四ページ。

（5）https://www.youtube.com/watch?v=5wLaND09VF8（最終確認二〇一六年九月十八日）。

（6）三島由紀夫『潮騒』（新潮文庫、二〇〇五年）四六ページ。

（7）三島由紀夫『鏡子の家』（新潮文庫、一九六四年）八一ページ。

（8）三島由紀夫『アポロの杯』（新潮文庫、一九八二年）一〇九、一一二、一一三、一二一ページ。

（9）前掲『鏡子の家』、七三ページ。

(10) 同前三六四ページ。
(11) 筒井康隆『ダンヌンツィオに夢中』(中公文庫、一九九六年)一九ページ。筒井は、このエッセイで、ただの一度も「三島由紀夫」の名を挙げずに三島由紀夫を論じきるという芸当をしてみせている。
(12) 前掲『鏡子の家』四一六ページ。
(13) 同前五二ページ。
(14) 同前三四、三七ページ。
(15) 同前三七六ページ。
(16) 同前六五ページ。
(17) 前掲『潮騒』一八七ページ。
(18) 宮崎正弘『三島由紀夫はいかにして日本回帰したのか』(清流出版、二〇〇〇年)一三二ページに引かれている。

第六章　リチャード・ローティのニーチェ

「ニーチェのように神は死んだと語ることは、私たちは高次の目的には仕えないと述べることに等しい(1)」
——ローティ

「キリスト教による人間の友愛の強調……は偶発的な歴史的理由によって、プラトン主義と結びついたにすぎないのではないかと、ニーチェは自問したほうがよかったであろう(2)」
——ローティ

第一節　ニーチェ好きのレフトリベラル

脱構築のデリダ、公共圏と批判的ディスクルス論のハーバーマスと並んで、相対主義的なリベラリストとして思想の世界で重視されてきたのが、アメリカの哲学者にして政治思想家リチャード・ローティ(一九三一—二〇〇七年)である。彼は、プラトンの理想主義における真理と美の結合、分析哲学による言語分析、そしてニーチェ、ハイデガー、デリダのテクスト、こうした知的にはおよそ異なる分野に、ほぼこの順番で深くかかわって来た。

しかも、政治的には、現代のレフトリベラルの潮流の代表者として、例えば、ジョージ・W・ブッシュ大統領のイラク侵攻に激しい批判の声を上げている。また亡くなる前の数年は、ヨーロッパ統合の熱烈な応援団を買って出てもいる。ハーバーマスとデリダの対立(3)にも、独特の「非哲学的な」仲裁に入っている。「私ローティも含めて、三人とも同じ国家の市民だったら、選挙で投票する政党は同じはずだ」と。しかも、こうした立場は、自分たちが慣れ親しんでいるものを慣れ親しんでいるだけで「是」とするエスノセントリズム(自民族中心主義)としての西側リベラリズムにすぎないことも重々承知している。哲学的に根拠づけることなどできない、でも、それでいいじゃないか、というのだ。「ニーチェとマルクス、あるいはハイデガーとハーバーマスを統合するような、《人間》《社会》《合理性》、あるいは他の何であれそうしたものの本性に関する理論など存在しない(4)」。

一般的にニーチェやハイデガーを重視する人々は、社会理論の人々を馬鹿にする。マルクスに発する社会批判の伝統を現代の状況に読み替えようなどというのは、お人好しの進歩主義者だというのだ。逆に後者の人々から見れば、ニーチェは、帝国主義段階のドイツにおける、ルカーチの本のタイトルのとおり「理性の破壊」でしかない(5)。さらには、ハイデガーは、ナチスに加担した以上、厳しく断罪すべきということになる。[6]

だがローティは、ニーチェやハイデガーを読むことと、政治的にレフトリベラルであることが矛盾しないどころか、両方ともあった方がいい、と非哲学的に、しかし、それなりに説得的に論じ、独特のレトリックで示してくれるのだ。「歴史主義的な転換のおかげで、私たちは《真理》ではなく《自由》を、思考や社会進歩の目標とすることができるようになったのである。しかしながら、《自由》が《真理》に取って代わるというこの転換が起こった後も、私的なものと公共的なもののあいだにある、旧来の緊張関係がなおも残っている。自己の創造と私的な自律に向けられた欲求にとらわれている歴史主義者(たとえばハイデガーやフーコー)は、依然として社会化をニーチェと同様の仕方で――つまり、私たちの内部にある何か深遠なものに対立するものとして――みる傾向がある。より公正で自由な人間共同体への欲求にとらわれている歴史主義者(たとえばデューイやハーバーマス)は、私的な完成に対する欲求は『非合理主義』や『審美主義』によって感化されていると、なおもみなしがちだ」「私が奨励するのは、私たちはこの両グループのあいだで選択を試みるべきでなく、むしろ彼らに同等の重要性を認め、それぞれを異なった目的のために用いるべきだ、ということである」。[7]

彼のこうした立場の形成に、彼が自ら「アメリカのニーチェ」と呼ぶホイットマンの生命主義的民主主義の伝統でニーチェを読もうという試みが大きく寄与しているようだ。

そうしたローティの最終的立場は歴史主義である。それは同時に、構築主義でもある。それはこういうことだ。哲学はそのつどの歴史的時代の枠組みで作られた(構築された)ものであり、そのつどの主要なテーマや概念は、後から見たら、なんの有効性もないもの、大多数の人が興味を持てない、余計なものでしかなくなる、といった趣旨である。認識論における「真理」「客観的現実」「概念的枠組み」などは、一昔前の「神」「理性」「精神」といった、人々がそれがなくてはすべてが崩壊すると思い込みしがみついていた名称と同じに、そのつどの時代でものを見る枠組みとして構築されただけで、お互いに必要としない概念であることが明らかになっている、というのだ。神の存在証明にもはや誰も興味を持っていないではないか。こうした考えをローティは、ことのほかニーチェから受け取っている。

第二節　メタファーとしての真理

まずは、思想や哲学の歴史的変遷について「哲学の原＝誤謬」と題した『人間的』の第二のアフォリズムに彼は言及する(8)。

「哲学の原＝誤謬――哲学者たちはすべて共通の誤謬を犯している。それは、彼らの誰もが、現代の人間から出発し、そうした現代の人間の分析を通じて、目標に到達しようと思っていることである。意図せざるままに彼らは、『永遠の真理』としての『人間』なるものを思い浮かべている。いわば人間は、いっさいの激動のなかで変化のない存在であり、事物の確実な基準であるといった想念である。ところが、哲学者が人間について言表することはそのどれもが、根本的には、きわめて限定された時間の幅のなかで出された人間に関する言明にほかならない。歴史的感覚の欠如こそは、哲学者すべての原＝誤謬である。それどころか相当数の哲学者たちは、ある特定の宗教、特定の政治的出来事の印象下にできあがったにすぎないごく最近の人間のあり方を、不変の形態として、そこから出発すべきだとすら、思ってしまうのだ。人間は変化して今のようになってきたのだ、ということを彼らは学ぶ気がない。また認識能力も変化して今のようになってきたのに、そのことを学ぶ気がない。彼らのうちの幾人かは、この認識能力から世界全体を紡ぎ出そうとまでする始末だ」(『人間的な、あまりに人間的な』二番)

哲学者は不完全な、限られた認識能力から「世界全体を紡ぎ出す」つまり、「世界」を「構築」しようとしている、というのだ。

プラトン以来の形而上学の歴史は、「真理」と「正義」に関する、そして「神」と、神から生み出される社会秩序に関する「究極の語彙」の歴史である。だがこの語彙はニーチェの指摘するとおり、巨大な歴史的変化に曝されている。真理や神についての議論が社会や政治のあり方を決めていた時代から、そんなことは気にしなくても社会や政治がそれなりに回る時代になっているではないか。ニーチェは同じことを『曙光』でも述べている。ここではカントの誤謬を指摘している。

「プラトンこの方、ヨーロッパにおける哲学の建築家たちの誰もがまったく無駄な仕事をしてきたのはなぜだろうか？　彼ら自身が正直にそしてまじめに青銅よりも永遠に続く(*aere perennius*)と思ったすべてのものが崩壊しそうか、あるいはすでに廃墟となっているのはなんのゆえだろうか？　この問いに対して今でも用意されている答え、つまり『彼らは皆、土台の検査、つまり、理性全体の批判をしなかったからだ』という答え、これこそカントのとんでもない答えだが、これもまたなんと嘘くさいことだろうか」(『曙光』序文三)

かつての上からの議論、つまり形而上学の諸概念には、真理の実在に関する思い込みがあった、とローティは議論する。ところが実際には、真理は、世界がそこにあるというようには、存在していない。そこの机の上にペンがあるというようにも存在していない。真理は、人間の言語である文が、事実と対応するという思い込みのゆえに作られたものである。われわれが世界と思っているものは、われわれの「究極の語彙」によって作られたもの、「紡ぎ出された」ものであるということである。そしてそうした語彙は変化する以上、見えている世界が異なってくる、つまりパラダイム・チェンジがあるのは当然なのである。「世界がそこに在るという主張と、真理がそこに在るという主張とは区別される必要がある。世界がそこに在る、つまり世界は私たちの創造物ではないと述べることとは、常識的にいって、時空間内にある事物のほとんどが、人間の心の状態を含まない諸原因の結果だと述べることである。真理がそこに在るのではないと述べることとは、文のないところに真理はないということ、文は人間の言語の要素であるということ、そして人間の言語は人間が創造したものであるということを、述べるにすぎない(9)」。

事実とわれわれが思っているものは、まさにこうした人間の言語による創造物なのだ。もしそう思わずに、「事実が自ら実在するという考え方に執着するならば、容易に『真理』という言葉を大文字化し、真理を、神とか神の計画としての世界といったものと同一視できるものとして、扱い始めることになる。そのような場合、たとえば、《真理》は偉大であり、勝利する、と語りたくなるだろう(10)」。

ローティによれば、こうした形而上学的な真理があるとする考え方に最初に反抗したのがニーチェだというわけである。「『真理を知る』という考えをまるごと棄ててしまうべきだ、という歯に衣着せぬ提案を最初におこなったのがニーチェであった。彼は真理を『メタファーの動的な一群』と定義したが、それは言語によって『実在を再現する』という考えを、したがってすべての人間の生にとって単一のコンテクストを発見するという考えを、まるごと棄て去るべきだと述べているに等しい(11)」。

したがって、真理やその認識という考えそのものが、なんら必然的なものでなく、偶然の産物である、と考えてもいいのだ、ということになる。それらは、「脳内における、なんらかの重要な神経系の精妙な構造が、宇宙線によってかき混ぜられたことの結果だったかもしれないし、またそうであってもかまわないはずである」。[12]――ハーバーマスなら、それはそうかもしれないが、こうした偶然の産物でも、そこに潜む合意という性格によってわれわれを縛る、と言うだろうが。

ローティのお気に入りは、今引いた真理を「メタファーの動的な一群」と形容する文章が出てくる初期のニーチェの遺稿「道徳外の意味における真理と虚偽について」(一八七三年)である。宇宙の中の人間の位置とそこにおける真理概念の発生も偶然に過ぎないという趣旨から始まる。

「無数の太陽系が燦《きら》めく宇宙のどこか遥か遠い一隅にあるひとつの星にいた賢い動物が認識なるものを発明したことがある。これこそ『世界史』のうちで最も高慢かつ欺瞞的な一分間だった。とはいえ、所詮は一分間だった。自然が何呼吸かしたあとには、この星そのものが冷え固まったために、くだんの賢い動物は死なざるをえなかった。誰かがこういった寓話を発明したとしても、大自然の中で人間の知性というものがいかにちっぽけで、影絵に過ぎず、はかない存在で、目的などなく、いい加減なものであるか、そのことを描くにはまだ不十分なほどである。いくつもの永遠のあいだ、知性などは存在しなかったし、この知性が終わってしまったところで、なんの変化も起きないであろう。なぜなら、この知性なるものにとっては、人間の生活を越えた使命などは存在しないからである。それどころかこの知性は、人間的でしかなく、それを生み出したこの持ち主だけが、あたかも世界の軸がこの知性の周りを回っているかのような、大変なパトスを持って考えているにすぎないのだ。だが、もしもわれわれが蚊と話ができたら、蚊も同じパトスを抱きながら空中を泳ぎまわりながら、自分こそ世界の空飛ぶ中心だと感じていることを聞き知ることになるだろう。自然の中のすぐ消えてしまうかすかな存在の中で、認識というあの力のかすかな息吹で、空気袋のように膨らまされてしまわないものはない。そして、大荷物を担いでいる人間ならば、誰でも褒めてくれる人を探すのと同じで、最も誇り高い人間、つまり哲学者こそは、宇宙から無数の目がありとあらゆる方向から、彼のすること、考えることに望遠鏡を向けられていると思っているのだ」（「道徳外の意味における真理と虚偽について」）

そうしたかすかな吹けば飛ぶような存在でありながら、人間は、自分の言語と意識によって世界を自分なりに合わせて作っている、つまり、構築しているというのだ。さらに人間は、自分の個体を維持するために、つまり生き延びるために種々の偽装を行う。

「個体を維持する手段としてのこの知性なるものは、その主たる力を偽装において発揮する。なぜなら、この偽装こそが、角のついた動物や、キバの鋭い猛獣たちとの生存競争は無理な、ずっと力の弱い、ひ弱な個体が生命を維持する手段なのだから。この偽装の術は、人間において頂点に達する。ここでは、瞞着、追従、嘘と欺瞞が、裏口が、きらびやかに見せ、借り物の光の中で生活することが、仮装が、因習による覆い隠しが、なによりも他人と自分の前での演劇が、一言で言えば、虚栄心というたった一つの炎の周りを飛び交うことが、あまりにもあたりまえの規則になっている。それゆえ、人間の中に、正直で純粋な真理への衝動なるものが、なぜどのようにして生まれたのか、ということほど、不可思議なことはないほどだ」(同)

ここで言われている「虚栄心」はいずれ「力への意志」という表現に至る源泉のひとつである。「力への意志」とは、他者と自然に対して頭を使った支配を目指すことだ。また最後の文章は、「真理への意志は力への意志に仕えている」とするニーチェ晩年の表現のまだ疑問文的な先行形態である。

そもそも人間の好奇心、つまり知への衝動であっても、自分がいったいいかなる肉体的条件の上に活動しているのか、いかなる衝動に動かされているのかを知っているのだろうか。知には大きな限界がある、とニーチェは論じ続ける。

「人間はいったい自分自身についてなにを知っているというのだろうか？　本当のところ、人間はガラス張りの箱の中に寝そべって光を当てたように、自分自身をいずれは完璧に知ることなどそもそも出来るのだろうか？　自然は人間に対してほとんどのことを黙っているのではなかろうか。人間の体についてすら沈黙を守っているのではなかろうか。腸の蠕動や、血液の早い流れや、複雑に絡み合った筋繊維の振動などとまったく別個のところで、欺瞞的で誇り高い自己意識に自分の体を閉じ込め、囲い込んでいるだけではなかろうか？　そして好奇心で、意識という部屋のちょっとした細い隙間から外を覗き、深い下の方を覗き込むことができるなら、そうした好奇心こそ哀れというべきか。この好奇心が、慈悲の心などいっさいない、満たされることのない欲望、殺戮を迫る衝動の上に人間がなにも知らずに暮らしていること、なにも知らないがゆえに気楽に暮らしていること、いわば夢のように虎の背中に座って生きていることを予感したなら、まさに哀れというべきだろう。このような事態なのに、真理への衝動はいったいどこから来たのだろうか！」(同)

そういう中で、真理というのは、ただの合意による言葉と物の一致の幻想でしかない、とされる。

「人間が今言ったほどにまで『真理』を所有しているなどと妄想できるようになったのは、ただ忘却のゆえである。同語反復のかたちの真理で満足するのでなければ、つまりは、中身のない鞘でいいのでなければ、永遠に幻想を真理として受け取ることになろう。いったいひとつの単語とはなんのことだろうか？　神経への刺激を音に写し取ったものに過ぎない。ところが、神経への刺激からその原因をわれわれの外部に求める推論はそれ自体がすでに、因果律の間違った、かつ不当な適用の結果でしかない。真理が言語の発生によってのみ、確実性の観点が言語による名ざしによってのみ決定的だったとするなら、いったいどうしてわれわれは、『石は硬い』などと言えるのだろうか。『硬い』ということがすでに分かっているかのごとくではないか。まったくの主観的な刺激以上のものとして分かっているかのごとくではないか。われわれはまた事物を性によって分けている。木〔der Baum, ドイツ語では男性名詞〕は男性、植物〔die Pflanze〕は女性だ。なんという手前勝手な写し込みではないか！　確実性という掟を無視してなんと遠くに飛び出していることではないか？　『蛇』〔die Schlange, 語源的には「くねるもの」という意味〕という言い方をするが、この表現は、『くねくねと揺れるもの』という以外のことは言っていない。そうならば『蛆虫』にもあてはまるではないか。物に関するなんと身勝手な定義であることか、時にはこの特性を、別の時にはあの特性を優先するというなんと一方的なやり方なことか！　さまざまな言語を比較してみればすぐ分かることだが、単語が真理であるかどうか、適切な表現であるかどうかはどちらでもいいことなのだ。もしもそうでなかったら、これほど多くの言語が存在しないはずだからである。『物自体』(この表現そのものがまさに、帰結をいっさい伴わない純粋な真理ということなのだろうが)というのは、当該言語を作った者にとってはまったく捉えようのないものであるし、また目指すべきものでもまったくなかった。彼はただ、事物と人間との関係を表現しただけであり、その関係の表現に、きわめて大胆なメタファー〔隠喩〕を助けに使っただけなのだ。神経への刺激をまずはイメージに写しとる。これが最初のメタファー。そしてそのイメージを音に写しとる。これが第二のメタファーだ」(同)

こうしてローティが至るところで引く「真理とはメタファーの動的な一群」という次の件りが続く。

「それでは真理とはなんのことだろうか？　真理とは、メタファーとメトニミー(換喩)、そして、擬人法の動きに富んだ一群でしかないのだ。手短かにいえば、人間が読み込んだ諸関係の総体、詩とレトリックによって高められ、写しとられ、飾りたてられただけの諸関係、長く使っているうちに当該の民族には、確固とした決まりとして、守らねばならないものとして見えてくるだけのものである。真理とは、それが幻想であることが忘れられてしまった幻想である。使い古されているうちに感覚的には力が失われてしまったメタファーにすぎない。もはや貨幣として通用しなくなり、金属片に過ぎなくなったコインである」(同)

ニーチェは例をあげる。

「私が哺乳類の定義をしたのち、駱駝《らくだ》を見て、『ご覧、これが哺乳類だよ』といったところで、たしかにそれによってひとつの真理が明るみに出されるかもしれないが、この真理の価値は大したことはない。この真理は徹底して、擬人法の結果であり、『真理自体』とか、現実であるとか、普遍的であるとか、人間を度外視しているとかいうことと

はまったく無縁である」(同)

一方では真理とは、ニーチェののちの言葉で言えば、「力への意志」の編み出した偽装であり、他方では、習慣や誤謬によるひとつの合意でしかない、つまり、今の言葉で言えば、文化的約束ごとにしか過ぎない、というのだ。

第三節　真理の多神教

ここにはいわば「真理の多神教」がある。ローティが引くのはニーチェの次のアフォリズムだ。ニーチェはここで一神教への危惧を表明しながら、多神教のすすめを展開している。

「多神教の最大の利点——ひとりひとりが自分自身の理想を立て、その理想から自分の掟を、自分の喜びを、そして自分の権利を導き出す——こんなことは、これまでは人間の冒す過誤の中でも最も恐ろしいものとされてきた。偶像崇拝の因習そのものとされてきた。実際にこうしたことを敢行する勇気のあったほんの少数の人々は、いつもそのことについてなんとか取り繕う弁明をしなければならなかった。そしてこの弁明はだいたいにおいて『私がしたのではない。私ではない。そうではなく、私を通じて神が語ったのです』というものだった。神々を作り出すというすばらしい術と腕前、つまり多神教、これこそは、こうした衝動を思いきり発揮でき、かつ純化し、完成し、高貴なものとする場であった。なぜなら、元来これは、評判の悪い下劣な衝動だったからである。わがままや不従順とも、そして嫉妬とも近い衝動とされていたのだ。自らの理想を追求する衝動を抑え込もうとすること、これこそがかつてはいっさいの風俗習慣〔倫理〕の掟であった。その頃は、ただひとつの規範があるだけだった。それは『人間』という規範であり、どの民族もこのひとつの、そしてそれだけが究極のものである規範を自分たちは持っていると信じていた。ところが、自分たちより高いところで、あるいは自分たちと別のところで、あの遠い天上の遥かな世界に複数の規範を見ることが可能となった。つまり、ひとつの神を認めることは、他の神を否むことでも冒瀆することでもないのだ。ここではまずは個人が許される。ここではまずは個人の権利が尊重される。神々を発明すること、いやさらには、ありとあらゆる種類の英雄を、そして超人を発案すること、さらには、人間とは別の人間を、あるいは人間以下の人間を、そして小人や妖精を、ケンタウロスやサチュロスを、デーモンや悪魔を作り出すことは、エゴ狂いの、そして自己礼賛のための貴重な予行演習だったのだ。人々は、別の神々に対抗して特定の神に自由を与えたが、その同じ自由を最後には、隣人たちの掟や風俗習慣に対抗するために自己自身に与えることになる。一神教というのは、一つの標準的な人間というものがあるという考えの意固地な帰結である。つまりは標準的な神への信仰というものがあって、それ以外の神々は、すべて偽りの神々だとする信仰である。

しかし、こうした一神教というのはひょっとすると、これまでの人類にとっての最大の危険なのではなかろうか。こうした一神教であると、他の動物たちが、見渡すかぎりのすべての他の動物たちがそこにはまり込んでしまった停止状態に人類も陥る危険が迫っている。すべての動物たちは、各種の標準と理想なるものを信じ込んでしまっていて、風俗習慣の倫理性を最終的に血肉化させてしまっているのだ。多神教のうちにこそ自由精神の戯れと人間精神の多様性が予告されているのだ。つまり、たえず新たに自分自身の眼を生み出す力のことであり、結果として、他の動物たちに比べて人間だけが、永遠に変わらない地平や見方に甘んじないで済む力のことである」(『喜ばしき知識』一四三番)

単一の「終極の語彙」ではなく、複数の神々の存在、複数のライフスタイルの存在、複数の文化の存在、場合によっては、相互に話の通じない文化の存在こそ、ローティの言う歴史主義的な構築主義にかなったものとなる。そうした方向のアフォリズムはニーチェに多い。

「牢獄のなかで——私の眼は、どれほどよく見えようとも、あるいはどれほど弱視であろうと、見えるのは所詮一部だけだ。そしてこの一部のなかでうごめいているのだ。この地平線こそは、私の直近の定めなのだ。大きな定めとも言えるし、小さな定めとも言えるが、いずれにせよ、私はこの定めの外に逃げ出すことはできない。どんな生物の周りにもこうした同心円が広がっている。それぞれの中心を持った独自の同心円が。同じようにわれわれの耳は、われわれを小さな空間に閉じ込めている。触覚も同じだ。われわれの誰もがわれわれの感覚器官によってこの地平のうちに閉じ込められている。牢獄の壁と同じだ。そしてわれわれはこの地平に合わせて世界を測っているのだ。これを近いと呼び、あれを遠いと呼ぶ。またこれを大きいと形容し、あれを小さいと形容する。あるいはこれを硬いとし、あれを柔らかいとする。この測定をわれわれは感覚と呼んでいる。しかし、こういったいっさいは間違いだ。誤謬そのものだ。ある特定の時点でわれわれに可能な体験や刺激の総量に応じて人々は自分の人生を短いとか長いとか、あるいは貧しいとか豊かだとか、充実したとか空疎だとかいうように測る。平均的な人間の平均的な生活に応じて、人々はそれ以外の生物のすべての生活を形容する。これらはすべて誤りだ。もしもわれわれが近くを見る視力が今の百倍もあったとしたら、われわれにとって人間はものすごく背が高く見えることだろう。人間がとても測りきることができないほどに見えるような感覚器官というのも考えられる。逆に、太陽系全体が、凝縮されて、小さい塊に括られ、一つの細胞と同じに見えるほどの感覚器官もありうる。反対の次元を持った生き物からは、人間の身体の細胞ひとつが太陽系の運動、仕組み、そして調和を持っているように見えるかもしれない。われわれは感覚器官の習慣によって、感覚の欺瞞のなかに編み込まれているのだ。そしてこうした器官こそがまたわれわれのいっさいの判断や『認識』の基盤となっているのだ。現実の世界なるものに逃げ込むこと、忍び込む、あるいは入り込む通路などは存在しない。われわれは自分たちの網のなかで暮らしているのだ。蜘蛛と同じなのだ。そしてわれわれはこのわれわれの蜘蛛の網で捕まえることができないものは、どうやっても捕まえられないのだ」(『曙光』一一七番)

ここでニーチェが述べている「われわれの蜘蛛の網で捕まえることができる」ものとは、いわゆる文化的左翼(カルチュラル・レフト)の、時としていささか独善性に傾斜しがちな構築主義の始まりでもある。文化的左翼は、ジェンダー論にしても、考え方を変えれば「現実」が変わると思い込みがちだが、ニーチェにもそうした傾向はある。たとえば、第三章でも引いたが、彼がドイツ教育の荒廃を論じた「教育者としてのショーペンハウアー」の第一節には、こうある。

「オリエント〔東洋〕とかオクシデント〔西洋〕といったところで、その区別は、私たちを怖がらせるために、誰かが引いたチョークの線でしかない」

こうした構築主義は、ニーチェ好きのナショナリストが読み誤って吹聴する閉鎖空間の勧めというよりも、むしろ、自分のいる狭い地平を越えることを、井の中の蛙《かわず》的な狭さの中に自分はいるのではないか、という問いを忘れないようにという、反エスノセントリズムの勧めでも、本当はある。多神教であるということは、自分の神に固執せず、

「永遠に変わらない地平や見方に甘んじないで済む」ことである。

こうした文化の枠が時代ごとにどんどん変わることは、すでに第二章で述べた。「彼らは皆、時間がもたらす変化を存分に味わった(13)」。この点でローティがよく言及するのが、『偶像の黄昏』に収められている「いかにして『真なる世界』がついには寓話となるか。ある誤謬の歴史」と題した一節である。プラトンからニーチェ本人までの「哲学史」が皮肉に富んだ文章で書かれている。

「〈真の世界〉がいかにしてついにはおとぎ話になるのか。誤謬の歴史。

一、真の世界。賢者、敬虔な者、有徳の士には到達可能。そのような人はこの真なる世界に住んでいる。彼らはこの真なる世界そのもの。

（理念の最古の形態。かなり巧みで単純かつ説得力がある。『われプラトンこそ真理なり』という命題の書き換え）

二、真の世界。目下のところは到達不可能。しかし、賢者、敬虔な者、有徳の士（悔い改めた罪人にも）の将来には約束されている。

（理念の進歩。理念はより繊細になり、微妙になり、よりとらえがたくなる。理念は女性となる。理念はキリスト教となる）

三、真の世界。到達不可能、証明不可能、約束不可能、しかし、考えられたものとしてだけでも慰めとなり、義務となり、定言命法〔意志を無条件的に規定する道徳法則〕となる。

（基本的には昔の太陽と同じだが、霧と懐疑のあいだから射し込む太陽。理念は繊細になり、蒼白になる。ケーニヒスベルク的になる〔神の存在は証明不可能としながら、まじめな道徳律を説いたカントのこと〕）

四、真の世界。到達不可能ではないだろうか。いずれにせよ、到達できていない。到達できていない以上、未知であることもたしか。したがって慰めにもならなければ、救いにもならないし、義務づけの力もない。未知のものがなんでわれわれに義務を課すというのか？……

（明け方の空。理性がはじめてあくびとともに目覚める。実証主義の鶏鳴）

五、〈真の世界〉――なんの役にもたたない理念は、なんの義務さえも課せない理念。無用でかつ余分な存在となった理念。それゆえ反証されてしまった理念。そんなものは取り去ろうではないか。

（明るい朝、朝食の時間。常識《ボン・サンス》とほがらかな気持ちの復活。プラトンの赤面。自由な精神の持ち主すべての大騒ぎ）

六、真の世界をわれわれは取り払ってしまった。それではどんな世界が残ったというのだろうか？　ひょっとして見かけの偽りの世界が残るのだろうか？……いや、ちがう、ちがう。真なる世界とともにわれわれは、見かけの偽りの世界も取り払ってしまったのだ！（正午。影の最も短い時間。永き誤謬の終結。人類の最高点。ツァラトゥストラが始まる INCIPIT ZARATHUSTRA）」（『偶像の黄昏』）

「英雄のまわりではいっさいが悲劇となった。半神のまわりではいっさいがサチュロスとなった。そして神のまわりではいっさいが——どうなったのだろうか？　ひょっとして〈世界〉になったのではなかろうか[14]」

ポイントは、「真なる世界とともにわれわれは、見かけの偽りの世界も取り払ってしまったのだ」という傍点部である。真と偽、本質と現象という区別は、ニーチェ＝ローティ的な構築主義では無意味となる。

第四節　ニーチェ的民主主義の将来

こうして形而上学的な真理が崩壊したのちに生まれる社会は民主主義の社会であるという認識は、ローティがニーチェと共有するところである。ニーチェはこれについて一八八〇年に出版した『漂泊者とその影』で次のように語っている。

「民主主義の勝利——現在は、いっさいの政治勢力が、自分の影響力を増やすために、社会主義に対する恐怖を徹底的に利用している。しかし、長期的に見て、そこから利益を得るのは民主主義だ。なぜなら、現在はいかなる政党も『国民大衆』に媚を売って、この大衆にありとあらゆる種類の自由と負担軽減を与えねばならないからだ。結果として大衆は全能になる。大衆は、私有財産の取得形態を変更する教えである社会主義から最も離れたところにいる。そして、国会に大きな多数派を持つことによって、税制のネジをひとたび手に入れると、累進課税によって資本家、大商人、株式取引の帝王たちに迫り、実際問題として少しずつ中間層を形成し始め、病気から治ったかのように社会主義を忘れることになるだろう。このように民主化が広がると、その現実的な結果としてまずはヨーロッパ国民連合ができることになるだろう。それぞれの国民は、地理上の位置に即して個別に分かれ、いわばカントーン〔Kanton, スイスの州のこと〕の位置を得る。同時にそうしたカントーンとしての特権を保持することになろう。これまでのさまざまな民族が自分たちの歴史を記憶している度合いは薄くなるだろう。なぜならば、たえず革新を求め、新しいことを実験するのが民主主義の支配の原則である以上、民族にたいする敬虔な感覚は根本から根を抜かれることになるだろうからだ。その際に国境の変更も必要になるかもしれないが、そうした国境線は、大きなカントーンと民族連合全体の利益になるように引き直されるだろう。その際に、遥か遠くに煙って見える過去の記憶などのことはあまり配慮されないだろう。こうした国境線の変更のための観点を見出すことこそが、将来の外交官の課題となろう。彼らは文化研究家であると同時に農民であり、そして交通事情に詳しい存在でなければならず、軍隊ではなく、理性的根拠と利益を背景にしていなければならないだろう。そうして初めて、外交政策と国内政治が分かち難く結びつくであろう。現在ではまだ国内政治はその誇り高き命令者に従うままであり、外交の成果によって残った落ち穂を貧弱な籠に入れているだけだが」（『漂泊者とその影』二九二番）

ヨーロッパ統合の動きについての炯眼もさることながら、外交と内政の区別の消失という現在の国際政治のありようを、まだ外交に関しては主権者としての国家が秘密外交も含めてフリーハンドを握っていた時代に見通している。

「民主主義の目標と手段――民主主義というのは、できるだけ多くの独立性を作り、保証することだ。自己の見解の、生活スタイルの、そして職業の独立性を。その目的のためならば、民主主義は、財産のない人々からだけでなく、本当に金持ちの人々からも、政治的投票権を奪う必要がある。つまり、この二つの許せない階級をなくすために民主主義は絶えず頑張らねばならないのだ。なぜならこの二つの階級こそは民主主義の課題を絶えず疑念に付すからだ。同じく政党の組織化を狙っていそうないっさいの動きを民主主義は阻止しなければならない。なぜなら先に触れた三つの独立に対する三つの大きな敵とは、無一文の連中、金持ちの連中そして政党だからだ。私は将来の来るべき民主主義について述べているのだ。目下のところ民主主義と呼ばれているものは、〔馬車に〕

新しい馬をつけているところが違うだけで、道路は昔のままだとしたら、車輪も前のままだとしたら、諸国民の安寧のためを思えば、この乗り物では危険が減ったと本当に言えるのだろうか？」(同二九三番)

政党も真の民主主義の敵という議論は、政党のマニフェストや公約のある点には賛成できても、別の点はどうかと思うことが普通の現在から見ると、鋭い指摘である。あくまで、個人の個性の発揮を重視する、つまり「できるだけ多くの独立性を作り、保証する」多神教としての民主主義を論じるのがローティの見るニーチェである。

民主主義とは公共圏での合意による政治、それも規範に依拠しながら、新たな規範に関する合意を目指す政治である。ルールに依拠した利益のぶんどり合戦という面が実際にはあるが、それは「道路は昔のまま、車輪も前のまま」で肯定すべき現実ではない。同時に、個人個人の自由な自己実現を可能とする「多神教」の場でもあるはずだ。そうしたことをニーチェは実は見ていた、とローティならば、言うであろう。民主主義では、真理に依拠して全員が振り回される社会よりも、プラグマティズム的にともかく、事態はこのようだから、この問題に関しては一緒にこういう方向でやってみよう、という合意にもとづいて、失敗したらやり直す自由の方が合っているとローティは考える。そこに持ち出されるのがニーチェとデューイである。

「この点で、デューイは、ニーチェの見解と同じであり、デリダやハイデガーのような『現前の形而上学』の批判者の見解と同じである。これらすべての哲学者にとって、何か客観性は人々の間での間主観的合意(討論による手続きを経た合意)の問題であって、何か非人間的なものを正確に表象するという問題ではないのである。人々は同じ要求を共有しないかぎり、何が客観的に事実であるかについての意見の一致など見ないだろう」「つまり人々のさまざまな要求を調停するために民主主義の制度と手続きが活用され、そうすることによってものごとが現実にどうなっているかについての合意の範囲が広げられねばならない(15)」

ローティがこうニーチェを引き合いに出しているのは、『アメリカ　未完のプロジェクト』という邦訳タイトルの本である。原題は、黒人作家ボールドウィンのAchieving Our Country、つまり「この国を完成させよう」という、「次にくるのは火だ」と題する詩の一節である。アメリカの白人支配と人種差別を批判しながら、現実がどんなに酷くとも、建国の理念に従って「この国を完成させよう」と歌ったボールドウィンにならおうという文章である。ポストコロニアルやポストモダン左翼の一部の若いインテリのように、アメリカへの希望を捨ててはならない、知ったかぶりの概念を振り回して冷笑するだけで、冷ややかに現実から目を背けてもなににもならない、とローティは論じる。要するに民主主義の推進にニーチェが役立つというのだ(なお、邦訳者によれば、邦訳のタイトルはローティ自身がハーバーマスの「近代　未完のプロジェクト」にならって選んだそうである)。

第五節　エスノセントリズムを自覚したエスノセントリズム

ローティにはまた、認識にとっては、主観が客観を自己の内部の表象として巧みに、あるいは正確に写し取るという鏡モデルは不適切である、という考えがある。むしろ認識の形成は、複数の他者、つまりコミュニケーション共同体による検証と討論の結果であるとする、そしてやってみなければわからない、とする。このコミュニケーション共同体の議論は、先のニーチェの文化共同体論と同じものがある。共同体を超えた何らかの最終的な検証装置はないのだ。つまり、エスノセントリズムで構わないというのだ。これは究極の文化相対主義でもある。

しかし、ローティのめざすところは、ニーチェと同じく、そしておそらくハイデガーとも同じく、エスノセントリズムの狭さを承知の上で、それを指摘することによって、少しでも広い視野のエスノセントリズムであろうとする、ということのようだ。エスノセントリズムの「呪いを解くのはむしろ、それ自身を拡張し、さらに大きな、いっそう多様性に富むエトノス〔集団〕を創造するのに貢献する、『われわれ』(『われらリベラルたち』)のエスノセントリズムなのである。ここでいう『われわれ』は、エスノセントリズムに疑いをいだくところまで到達した人々からなる『われわれ』である[16]」。「『人間の連帯』を、これまでしばしばその『哲学的な前提』として考えられてきたものから引き離したいだけなのである[17]」。

それゆえローティから見れば、ニーチェやハイデガーの反リベラリズムは、「外からとってつけた特異なものに見える[18]」。要するに、大衆蔑視や現代批判は、彼らのテクストの重要部分ではないというのだ。「デモクラシーは自然化されたキリスト教である[19]」というニーチェのメモは、ローティも気にいったらしく、引用している[20]。ただ、批判的に見るニーチェとは若干異なって、歴史の結果、そうなったのだからいいではないか、という調子である。

ローティに言わせれば、デモクラシーとは常識の社会なのである。「富裕なデモクラシーにおいては実際ますます多くの人びとが常識的な非信仰者になってきたのと同じように、彼らは常識をもつ非形而上学者であるだろう。彼らは、『なぜあなたはリベラルなのか？　なぜあなたは異邦人がこうむる辱めを気遣うのか？』という問いに答える必要を感じないだろう。それはちょうど、十六世紀の平均的なキリスト者が『なぜあなたはキリスト者であるのか？』という問いに対して答える必要を感じなかったように。あるいは、現在多くの人が『あなたは救われているか？』という問いに答える必要を感じていないように[21]」。

したがって、プラトニズムとキリスト教は類似しているのみか、ヨーロッパでひとつになったとする(「キリスト教とは『一般民衆』にとってのプラトニズムなのだ」本書一一〇ページ参照)ニーチェに、ローティはそのことを認めながら、それも偶然だったとするのだ(本書冒頭のモットー参照)。だが、そうした偶然の結果としてのキリスト教に対する戦いの上にヨーロッパはひとつになってもいる。

当然のことながら、民族主義などは唾棄すべきという点ではニーチェとローティは同じである。エスノセントリズム自身を相対化するエスノセントリズムの担い手として、自閉的な民族主義は受け入れられない。むしろヨーロッパはひとつになるのだ。それに関連するニーチェの文章を挙げておこう。

「民族という狂気のゆえにヨーロッパの諸民族のあいだには病的な疎外現象が見られたし、今でも見られる。近視眼的で素早く反応する政治家たち、近視眼的であるがゆえに調子よく上にいる政治家たち、彼らは自分たちがやっている分裂を生む政治が実際には幕間劇の政治にならざるをえないことをまったく感じていない。こうした諸民族間の疎外現象と政治家たちのすべて、そしてそれ以外にも今日のいわく言いがたいさまざまなことのゆえに、あまりにも明白な徴候が見逃されているし、時にはうそいつわりを込めて曲がって解釈されている。その徴候から明白に見て取れるのは、ヨーロッパがひとつになろうとしているということだ。この世紀にはありとあらゆる深遠で、包括的な仕事をする人々がいたが、彼らの魂の果たした神秘的な仕事の本来の全体的方向は、ヨーロッパがひとつになるというあの新たな総合への道を準備し、未来のヨーロッパ人を試みにであれ先取りすることである。彼らが『祖国』を云々するのは、表向きの発言をするときだけであるか、あるいは、気が弱くなっているとき、例えば老人になってからとかに過ぎない。彼らは、『愛国者』宣言をしたときは、自分自身から離れて、ゆっくりしたかっただけだ。こう言う私の念頭にあるのは、ナポレオンであり、ゲーテである。またベートーヴェン、スタンダール、ハインリヒ・ハイネ、ショーペンハウアーである。リヒャルト・ヴァグナーをその仲間に加えても悪く取らないでいただきたい。彼自身が自分を誤解しているからといって、それに流されてはならない」「彼らは皆、その望むところの高みにおいても低みにおいても近い。根本的に近い。それはヨーロッパである。ただひとつのヨーロッパなのである。このヨーロッパの魂が、その多彩かつ激越な芸術によって外部を目指し、高みを目指し、そして高みへと憧れ出て行くのだ。どこへ出て行くのだって？　新しい光の中へなのだろうか？　新しい太陽に向かってなのだろうか？」「彼らは皆アンチノミーの人〔矛盾の中に生きる人〕であり、倫理を掻き回す者であり、均衡を取ることもエンジョイすることも知らない野心家であり、どんなことにも満足しない人々である」「彼らは皆、大胆不敵に試す存在であり、華麗に暴力的で、高級な人間固有の飛翔と飛躍を得意とする。彼らはこの世紀に——つまり、大衆の世紀であ

るこの世紀に『高級な人間』という概念を教えねばならなかったのだ」(『善悪の彼岸』二五六番)

モダニズム的な芸術感覚で十九世紀ヨーロッパのスノビズム(俗物主義)に逆らうことは、ナショナリズムという狂気を無視することであり、国ごとに異なる常識という名の偏見や国境を無視する人々の新たなヨーロッパが、つまり反逆児のヨーロッパがひとつになろうとしているとする議論である。こうした奇人・変人・天才に民主主義の基盤を見て、スノッブたちを批判する点でもニーチェとローティは共通しているようだ。最後に誰もが知っているニーチェの畜群批判、ヨーロッパがひとつになることの裏面の問題を上げておくが、これは上述のような背景で、「とってつけた」部分として読むべきと、ローティは考えているようだ。

「われわれの知るところでは、道徳的に重要な判断のすべてにおいてヨーロッパが、その影響下にある国々も含めて同じ意見になっている。ソクラテスが自分は知らないと言ったことを現代ヨーロッパの人々は知っていると吹聴している。つまり、大昔のあの有名な蛇(エデンの園でエヴァを誘惑した蛇のこと)が教えてくれると約束したことだが、なにが善であり、なにが悪であるかを今日の人々は、『知っていると吹聴している』のだ。だが、ここで知っていると思っていること、賞賛と非難をわきまえて、自分は偉いと思い、それゆえに自分は善であると歓迎していることは、実は畜群としての人間の本能でしかない、と繰り返し、譲らずにわれわれが言い続けたとしたら、耳に痛いだろうし、嫌なことを言うな、と思われるかもしれない。だが、こうした畜群の本能がそれ以外の本能に勝って打ち勝ち、重みを増し、支配的になっている。生理学的に誰もが似ている、似通ってきているという兆候にしたがって、この畜群の本能がますます増大しつつあるのだ。道徳とは今日のヨーロッパでは畜群道徳なのだ」(同二〇二番)

こうした文章は、新たなひとつのヨーロッパの中の芸術家たちからなる「われわれ良きヨーロッパ人」という考え方と比較考量しながら読まねばならないだろう。

「私はとても喜びながら聞いていることだが、われわれの太陽は、ヘラクレス座の方に向かって猛烈な速度で動いているとのことだ〔これまでとは違う太陽系のあり方となる、ということだろう〕。そして私の希望は、人間がこの地上でこの点で太陽と同じことをすることだ。そうだ、われわれでやろうではないか。われら良きヨーロッパ人よ！」(同二四三番)

超人が絶対的な孤立を誇らしげに説く単数的存在であるのに対して、この世紀末モダニズムの希望は「われら」と複数になっているところが味噌であろう。現実の大衆社会が個性を抹消しつつある中で、ニーチェは個性の創造に努めたのだ、そして「レフトリベラル」のエスノセントリズム的な開明性の基礎に彼のテクストはなるのだ、とローティは議論する。

その意味では、ニーチェが学生時代の最後にライプチヒ大学が主催した懸賞への応募論文、それをきっかけにバーゼル大学に招聘されることになったディオゲネス・ラエルティウス論のモットーとして掲げたギリシアの詩人ピンダロスの一節「汝は汝自身であるところのものになれ」こそはローティのニーチェ理解にぴったりであろう。なおこの文章は、狂気の寸前のニーチェが書いた『この人を見よ』の副題として多少ひねって「人はいかにして、その人であるところのものになるのか」として再登場する。ニーチェの知的人生の冒頭と終結をピンダロスが飾っている。理想の多神教、それを可能とするレフトリベラルの自覚したエスノセントリズムの最初にして最後のモットーということになろう。

(1) リチャード・ローティ『偶然性・アイロニー・連帯――リベラル・ユートピアの可能性』(齊藤純一・山岡龍一・大川正彦訳、岩波書店、二〇〇〇年)四四ページ。
(2) ローティ『文化政治としての哲学』(冨田恭彦・戸田剛文訳、岩波書店、二〇一一年)五一ページ。
(3) ユルゲン・ハーバーマス『近代の哲学的ディスクルスI』第七章。ハーバーマスがデリダによる脱構築にも形而上学が潜むとして、ドイツの保守的近代批判の枠組みに位置づけて批判したことから始まる対立。これに対してデリダは九〇年代初頭のヨーロッパ論である『他の岬――ヨーロッパと民主主義』(高橋哲哉・鵜飼哲訳、みすず書房、一九九三年、新装版二〇一六年)で、ハーバーマスのコミュニケーション行為の理論に皮肉を放っている。だが、のちに二人は歩み寄る。この点については、拙論「ハーバーマスとデリダのヨーロッパ」(三島憲一『ニーチェ以後——思想史の呪縛を越えて』終章、岩波書店、二〇一一年、一八九—二二七ページ所収)を参照されたい。

(4) 前掲『偶然性・アイロニー・連帯』四ページ。

(5) ジョルジュ・ルカーチ「理性の破壊」(『ルカーチ著作集』第一二・一三巻所収、暉峻凌三・飯島宗享・生松敬三訳、白水社、一九六九年)。

(6) ハイデガー批判の書は数多いが、例えば、ヴィクトル・ファリアス『ハイデガーとナチズム』(山本尤訳、名古屋大学出版会、一九九〇年)参照。

(7) 前掲『偶然性・アイロニー・連帯』二ページ。

(8) 同前二四二ページ。

(9) 同前一六ページ。

(10) 同前一七ページ。

(11) 同前五九ページ。

(12) 同前三九ページ。

(13) 同前二一一ページ。

(14) ドイツ語版『ニーチェ全集』第一〇巻六四ページ。

(15) ローティ『アメリカ　未完のプロジェクト』(小澤照彦訳、晃洋書房、二〇〇〇年)三七ページ。

(16) 前掲『偶然性・アイロニー・連帯』四一一ページ。
(17) 同前四〇一ページ。
(18) 同前二〇四ページ。
(19) ドイツ語版『ニーチェ全集』第一二巻四九九ページ。
(20) 前掲『偶然性・アイロニー・連帯』一九五ページ。
(21) 同前一七九ページ。

第七章　フランクフルト学派のニーチェ

「世界が始まって以来、どんな権威も批判の対象にされるのを好まなかった」
——ニーチェ『曙光』序文三番

「ニーチェについて語るためには、彼を現在のアクチュアリティと結びつけねばならない(1)」
——ホルクハイマー

「徹底した啓蒙家のニーチェは、啓蒙は自らを徹底すると啓蒙の動機も意味も消失してしまうという自覚を失うことはなかった(2)」
——アドルノ

第一節　ロサンゼルスのニーチェ——フランクフルト学派とは

一九四二年七月十四日、アメリカの西海岸ロサンゼルスにドイツからの亡命知識人の何人かが集まって、ニーチェを中心テーマに議論の時間を持った。主たる参加者は、フランクフルト大学社会研究所の所長であったマックス・ホルクハイマー(一八九五—一九七三年)、その盟友のテオドール・W・アドルノ(一九〇三―六九年)、ヘルベルト・マルクーゼ、ギュンター・アンダースなどであった。その記録がホルクハイマー全集に収められているが、議論のなかでアドルノは、まさにニーチェアン・マルクシズムとでもいう立場を表明した。

「ニーチェを読むと、彼の理論が真であるいくつかの要素が見つかります。民主主義のみでなく、社会主義も一個のイデオロギーになってしまったことをニーチェは見抜いていました。現在では、社会主義もそのイデオロギー的性格をなくすようなかたちの表現をとるように工夫しなければなりません。ある種の危機的なものごとに関してニーチェはマルクスよりも先に進んでいます。なぜならば、市民〔の欺瞞〕というものに対してマルクスより鋭い嗅覚を彼はもっていたからです(3)」

時としてナチスのイデオロギー的先駆者ともてはやされることのあったニーチェについての、驚くべき討論会であり、驚くべき発言である。ヒトラーは権力獲得の前年の一九三二年にはヴァイマール在住のニーチェの妹エリーザベトを訪問し、ニーチェ記念館にも立ち寄っている。さらには、一九三五年のエリーザベトの葬儀にも参列している。そういう背景でニーチェをナチスの手から奪回する討論会でもあった。

さらにアドルノは、こうも発言している。「実践の概念だけでは、野蛮な世界と野蛮でない世界との区別をしっかりとつけることはできないという問題を、ニーチェは見抜いていました。ニーチェは哲学に実践の具体的な指示を与えませんでした。まさにこの点にこそ彼の文章が真理である一因があります。いっさいを包括し決定する実践なるものには、支配なき支配の形式を再生産する傾向があります。支配が人間たちのあいだに忍び寄っています。この事態は、見えない支配によってあらかじめ与えられた欲望以外の欲望を人々がもたないことを意味しています」[4]。

共産党や社会主義者のいう社会変革の「実践」(いわゆる「運動」)そのものが計画的な組織に取り込まれ、資本主義の野蛮を越えるはずの実践がまたあらたな、時には見えざる言論統制を、そして野蛮を生み出している事態も踏まえての発言であろう。「支配なき支配」あるいは、われわれの欲望や欲求自体が、体制によって与えられているのだ、といった発言には現代でも思いあたるふしがあろう。

ホルクハイマーもこの席で、ニーチェはその文化批判で、「彼なりのカテゴリーによってだが、社会的問題性のいくつかのアスペクト(側面)を指摘しており、それらは、〔マルクスの〕経済学批判では必ずしも指摘されていないものである」と述べている[5]。

同じ時期にホルクハイマーは、戦後ドイツの再出発に向けた覚書のなかで、表向きのヒューマニズムの裏に権力志向を暴くニーチェの「歯に衣着せぬ断定は、……多くの平均的哲学者が奏でる〔昔の日本の言葉で言えば、『進歩的文化人の』〕道徳への讃歌よりも真理に近いかもしれない」とし、さらに「ニーチェをナチスの先駆者と見るのは不当で

⑥、それどころか彼は、「ドイツの大国への上昇が人間的かつ社会的破局に終ることを予見していた最初の人々のひとりだ」とまで書いている。(7)

アドルノは、方法的迷いからともするとマルクスになびきがちなベンヤミンに対して、研究所のマルクス主義にゴマをする必要はない、それどころか「最終的にはニーチェの『道徳の系譜学』には、ブハーリンのABC〔ブハーリンとプレオブラジェンスキーとの共著の『共産主義のABC』のこと〕よりもより多くの真理が読み取れるはずです」とも書いている(一九三八年十一月三十日付)。彼らの批判理論は、ニーチェの真の遺産継承者として現代社会の理論にニーチェの挑発を、アドルノの表現で言えば「西洋的思考の真の転回点をなすニーチェの解放作業」(8)を組み込むことを自らの課題としたのだ。

ところで、一九四二年七月十四日、バスチーユ襲撃によってフランス革命が勃発したその記念の日に、西洋の究極の地ロサンゼルスで、ニーチェについて論じようとした、ということとは基本的には十八世紀に始まった啓蒙や合理主義の、市民社会における、あるいは資本主義社会における運命を考えようとしたということである。こうした人々の多くは、いわゆるフランクフルト学派と呼ばれ、彼らの思想は総括して批判理論という名称を持つことになる。その背景について少し述べておかねばならないだろう。

フランクフルト学派というのは、ヴァイマール時代からナチス、そして戦後の冷戦期という巨大な政治的激浪のなかで批判的な知的営為を倦むことなく続けたホルクハイマー、アドルノを中心とする社会批判・文化批判に関わる一連の思想家集団の総称である。一九三〇年にフランクフルト大学社会研究所の所長に就任したホルクハイマーのまわりには、アドルノ、レオ・レーヴェンタール、ヘルベルト・マルクーゼ、エーリヒ・フロム、カール・ヴィットフォーゲルらの英才たちがいた。正式に研究所員だった者もいれば、二十世紀前半の知的センシビリティをよく示している機関誌『社会研究』の寄稿者というかたちでの協力者もいる。ベルリンにいたヴァルター・ベンヤミン(一八九二―一九四〇年)も広義ではかれらのサークルに属していた。

一九三三年、ナチスの政権獲得とともにホルクハイマーはスイス、フランスを経由してアメリカに逃れ、アドルノはしばらくイギリスに学んだ後、最終的にはアメリカ亡命を果たした。多くがユダヤ系であったその他の者も大部分はアメリカに逃れた。第二次世界大戦終了後に、アドルノやホルクハイマーはフランクフルト大学に戻ったが、マルクーゼやレーヴェンタールのようにアメリカに職を得て残った者もいる。

社会研究所も組織としてニューヨークのコロンビア大学に「引っ越し」、そこで最先端の経験的研究と哲学的社会理論の融合を企てた一九三〇年代後半が、この学派の知的・文化的漂流《オデュッセイア》の戦前における頂点であった。

政治的立場は、最大公約数的に言えば、マルクスの大きな影響下にありながら、マルクス以降の巨大な社会的変化をふまえつつ、資本主義社会における、政治と文化に関する意識の変化を批判的に分析することを課題としていた。なによりもマルクスの予言に反して、西側世界では革命が起きなかったことを理論的挑発と受け止めていた。

特に通俗マルクシズムからは、また『資本論』の価値論からは——交換価値と使用価値の議論を除けば——絶対的な距離を取っていた。労働者と知識人が連帯して資本主義社会を変えられるという素朴な信頼、その意味で理論と実践の予定調和、経済的な構造(下部構造)と文化(上部構造)の関係の単純な捉え方などを鵜呑みにするには、一方ではあまりに複雑な視線をもっていたし、他方では、硬直した「実践」に走るマルクス主義の単眼的な独善性への批判も揺るがなかった。

日本の左翼知識人の多くが戦前からずっとソ連、戦後はそれに加えて中国に流し目を送る傾向があったのに対して、文化的自由と批判精神を重視した彼らは、中国には(ヴィットフォーゲルを除いて)関心がなく、ソ連型社会主義からは一貫して距離を取っていた。

戦後の日本では元左翼が、東側の体制への嫌悪や距離から、時としてアメリカを含む西側社会への無邪気な賛同に走りがちだったが(学生運動の「活躍組」がアメリカに傾斜して行く例は日本では多かった)、フランクフルト学派の人びとはそのような風見鶏とはどこの話かというように、一貫してナチスのみならず、亡命したアメリカ社会にも馴染むことはせず、戦後の西側社会のありようにも執拗な批判的分析を続けていた。戦後西ドイツの主流の反共主義には馴染まないが、ソ連にも秋波を送らないという点で、反＝反共主義とも言われる。特に、市民のパーソナリティや心理にまで食い込む分析はたしかにマルクスの及ばないところであり、彼らがマルクスの資本主義分析とニーチェの文化批判、そしてフロイトの精神分析を重ね合わせたがゆえに可能なことだったろう。いつまでも『資本論』にやせ我慢でしがみつくか、あるところでマルクスの分析をいっさい放棄するかといった知的行路は彼らには考えられなかった。

なんらかのテーゼに自分を集約して行くことは彼らがかぎりなく避けるところだった。「まちがった状況に正しく対応することは私には無理です」とベンヤミンは書いている（一九三一年四月十七日ショーレム宛）。次のニーチェの言葉は、彼らが引いているわけではないが、おそらく気に入ったであろう。

「こうした連中にとってはある話題についてともかく何らかの仮説を見つけるだけで十分なのだ。もうそれだけで彼らは燃え上がってしまうのだ。それで決まりだ、というわけだ。ある意見を持つということは彼らにとってはもうそれだけで、その見解にファナティックに熱狂することであり、それを信念として心に宿すことなのだ。はっきりしない問題に際して彼らは、説明らしく思えるような思いつきが頭の中に浮かぶと、もう熱中してしまう。特に政治の領域ではそのことから、最悪の結果がしょっちゅう生じている」「丁寧に見ると、今でも教養人の大部分は、思想家から確信以外のなにものも望んでいないようである」「彼らはある見解にひきさらっていって欲しいのだし、それによって力の増大を感じ元気になりたいのだ」(『人間的な、あまりに人間的な』六三五番)

いかなるグループや理論とも自己をフルに重ね合わせないところは、つまりアイデンティティを避けるところは、ニーチェと基本的に同じ姿勢だった。思想とは「元気をもらう」ためのものではないという点でも。

第二節　文化の野蛮——教養市民への批判

ところで、先に引いたアドルノの発言に「市民(への欺瞞)」への「鋭い嗅覚」というのがあったが、まさにドイツ教養市民の誇りとする「文化」や「教養」、そしてその自己満足こそ「教養俗物」であり、「野蛮」そのものであると見る神経のありかたを彼らはニーチェと共有していた。ニーチェの言葉を聞こう。

「だが、支配的になった体系的な俗物根性は、それが体系的だからといって文化には未だなっていないのだ。劣悪な文化にすらなっていない。それどころか文化の反対物でしかない。つまり、ひっきりなしに打ち立てられる野蛮でしかないのだ。現代ドイツの教養人の誰でも同じようにわれわれの眼を射る態度の統一性は、真の様式が持ついっさいの芸術的で生産的なありようや必要を意識的か無意識的かは知らないが排除した結果の統一性なのだ。教養俗物の頭脳のなかには、文化が否定するまさにそのものを文化と思い込むという不幸な思い違いが生じている。そしてこうした教養俗物は徹底しているので、このような反対物を集めた一群を手に入れる、つまり、非・文化の体系である。もちろん、それにもある種の『様式の統一』というものを認めてもいいかもしれない。様式と化した野蛮という言い方になおもなんらかの意味があるとすればだが」(『反時代的考察』第一論文第二節)

「様式と化した野蛮」という激烈な表現を含む最後の文章は、ホルクハイマーとアドルノの共著『啓蒙の弁証法』の「文化産業」論(主としてアドルノが書いたようであるが)のなかでも、当時のアメリカのメディア世界を批判する文章のなかに引用されている。「表にでてくる文化産業の所産は、なにからなにまで型にはめられていて、結局のところあらかじめ決められた隠語《ジャルゴン》の徴を帯びていないもの、一見して適切と見えるもの以外には、なにひとつ生まれてこない。しょせん一流の芸能人とは、創造的な存在であれ、サル真似の連中であれ、自分たちが言語そのものであるかのように闊達にうきうきとしゃべる存在なのだ。だが実は真の言語は、とうの昔にジャルゴンによって口を封じられてしまったものなのである。これこそこの業界における自然さの理想なのだ」(9)。一八七〇年代のニーチェによる見かけだけ「重厚な」ドイツ文化への批判と、一九四〇年代の軽く楽しいアメリカ、画一的な映画やコマーシャルの世界とがつなげられていることとは、この引用の直後に「様式と化した野蛮」というニーチェの表現が引かれていることからもわかる。

ホルクハイマーは、戦後になっても、文化と野蛮の連関をある講演でこう述べている。

「芸術経験はもし、世界のなかにあって世界になにごとかを欲する生活との連関を持たないならば、たとえ文化の消費者たちが、車を駆使してイタリア中の町という町を、その博物館や教会を見て回っても、そして世界中のコンサート・ホールに我が家のごとく通じていても、そしてあらゆるオーケストラのレコードを所有していても、空虚で盲目なものである(10)」

「いわゆる〔市民的な〕人格の教養、内面化、そして形成的意志の方向を逆転させて自分自身に向けること——そうしたものはたしかに多くのポジティヴなものを生み出しはしたが、やはり個人の硬直化、傲慢、特権意識をもたらし、世界の荒廃に寄与したことはまちがいない。教養という標語のもとに、形成意志が、つまり愛が、現実からそらされて、自己自身の陶冶に生きる個人へと屈曲したことを通じて、もうすでに十九世紀に人間の野蛮化が告げられていたのである(11)」

教養を身につける十九世紀の市民の態度が二十世紀のナチスの野蛮につながったという、ある意味では驚くべき議論である。

バーゼル大学の教授だった頃の、学校改革をめぐるニーチェの講演「われわれの教養施設の将来について」にも、「普遍的教養はまさに野蛮そのものである」（第一講演）とか、現状は「学識と趣味の野蛮が結託している」（第二講演）、といった指摘がある。教養は出世の手段、有産階級への上昇の方策でしかなくなっている現実をニーチェは、遠慮会釈なく抉《えぐ》り出している。

「こうした考え方に依拠していわゆる『知性と財産』の結合なるものがまさに倫理的要求として吹聴されています。孤独を志向した教養、お金と職業以上の目的を目指した教養、多くの時間を必要とする教養はどんなものであれ、嫌われています。こうした通常とは違う教養志向は、『高級なエゴイズム』とか『非倫理的な教養エピキュリアン』とかいう名で切り捨てられています。現在の倫理でめざされるのは、こうした別の教養とは逆のものです。速成の教養、早くお金を稼げる存在になるための教養、とはいえ、ものすごく高額のお金が稼げる程度には丁寧な教養が要求されるのです」（第一講演）

「教養の拡大と流布を目指そうとあちこちで声高にいわれているのには、こうした経済学的なドグマ以外の動機もあります」「どこでも国家がその存続のために教養のできるだけの拡大に努めています。なぜなら国家というのは、〔本当の意味での〕教養が鎖を解かれて強烈に動き始めても、なおそうした教養を自分たちの軛《くびき》の下に縛り付けられる、それほど自分たちは強いことを知っているからです。そしてその官僚や軍人の教養の拡大は、最終的には国家に、そして国家にのみ、他の国家と競争関係にある自分の国家に

のみ役立つと、これでよかったのだと考えるからです」(同)

「すべての国家が〔ラテン語やギリシア語の〕古典的教養を奨励する様を見て、私はこう言いたい。『それはきわめて無害なものに違いない』。さらには、『それはきわめて役立つものにちがいない』」(遺稿「われら文献学者」)

だが、文化と野蛮の根源的な暴力関係については、もっと厳しい次のような自覚、その関係の肯定に密かに近づきながらの自覚を示す文章もある。

「それゆえわれわれは、素晴らしい文化を、血を滴らせながら凱旋する勝者、凱旋行進にあたって自分たちの戦車に敗者を奴隷として縛りつけている勝者に喩えてもいいだろう。慈悲深い権力はそうした奴隷を見ないように目を背けるゆえ、かれら奴隷たちは車輪にひき潰されそうになりながら、『労働の尊厳』『人間の尊厳』と叫ぶことになる」(12)

思い出されるのは、ベンヤミンの『歴史の概念について』の次の文章だ。「勝者であった者は、今日にいたるまでいつの場合でも、地面に倒れ伏している者たちを踏み潰して今日の支配者たちが引いていく凱旋行進に加わっている。敵から奪い取ったものはいつもそうだが、凱旋行進の際に誇示される。こうした獲物は文化という名前で呼ばれている」(13)。冷めた眼差しに関しては共通している。

第三節　「良きヨーロッパ人」としてのナショナリズム批判とユダヤ人評価

ニーチェの出発点のひとつは、普仏戦争(一八七〇—七一年)の勝利に酔うメディアや知識人への違和感であった。

「この前のフランスとの戦争の結果良くない現象がさまざまにあったが、その中でもひょっとして最悪なのは、この戦争ではドイツ文化も勝ったのだ、それゆえにドイツ文化こそは、このような壮大な事件と成功にふさわしい花輪で祭らねばならないという、広く流布している、一般的な思い違いである。すなわち世論及び公的な場で発言する識者たちすべての思い違いである。こうした妄想はきわめて危うい」「なぜなら、この妄想はわれわれの勝利を敗北へと変えうるものだからだ。そう、まさしく敗北、それどころか、〈ドイツ帝国〉を優先するあまりのドイツ精神の根絶をもたらし得るからだ」(『反時代的考察』第一論文第一節)

勝利が文化ナショナリズムになれば、それは文化の敗北であるというのだ。偏狭なナショナリズムの犠牲者であるホルクハイマーやアドルノたちは、ナショナリズムと反ユダヤ主義を忌み嫌うニーチェを重視する。ドイツ・ナショナリズムへのニーチェの皮肉はたとえばこうである。

「『ドイツ、ドイツ、なによりもドイツを』(14) ——これはおそらくこれまでに出てきたなかで最も馬鹿げたスローガンだ。だいたいなぜドイツなんだ、と私はきいてみたい。これまでのなんらかの国家が体現していたものよりも少しでも価値ある存在を体現し、あらわしているのでないとしたら、なぜドイツなんだ。ドイツって言ったって、ただのひとつの大きな国ではないか。つまり、世界に馬鹿さ加減がひとつ増えただけではないか(15)」

この文章の一部はホルクハイマーがカール・ヤスパースのニーチェ論をこき下ろした文章で引用している。ヤスパースがニーチェの反ユダヤ主義やナショナリズムへのニーチェの憎しみを、ナチス権力に気兼ねして軽く扱っていることへの批判でもあった。

「ドイツ人には、自分たちがいかに下劣かわかっていない。これこそ下劣さの最高級だ。彼らは、ドイツ人であることを恥ずかしいとすら思わないのだ。……彼らはなんにでも口を挟みたがり、自分たちの存在を決定的に重要だと思っている。私についてもそういう態度を決定してしまったのではないかと恐れている。……私の人生全体はこの命題の証明に必要だったのだ。ドイツ人に私に対しての社交上の軽妙な儀礼を、多少のデリカシーを求めても無理というものだ。ユダヤ人ならこの点大丈夫だが、ドイツ人にはついぞそうしたことはお目にかかったことがない」(『この人を見よ』「ヴァグナーの場合」第四

節）

国家とナショナリズムを揶揄した最も激烈な文章が『ツァラトゥストラ』第一部の「新しい偶像」という節にある。

「国家とは、あらゆる冷ややかな怪物のなかで、最も冷ややかなものである。それはまた冷ややかに嘘をつく。『このわたし、国家は、すなわち民族である』」「いま多数の人間に対しておとしあなを仕掛け、それを国家と呼んでいるのは、破壊者たちである。かれらはそのおとしあなの上に、一本の剣と百の欲望とを吊下げる」「国家は、善と悪についてあらゆることばを駆使して、嘘をつく。――国家が何を語っても、それは嘘であり、――国家が何を持っていようと、それは盗んできたものだ」「ああ、あなたがた大いなる魂よ、あなたがたの耳にも、国家はその暗鬱な嘘をささやく。ああ、国家は、惜しげなく自己をささげる豊かな心情の持主をすかさず見抜いているのだ！」「英雄や栄光ある人々を、国家は自分のまわりにならべたいと思うのだ、この新しい偶像は！」「かれはあなたがたを餌にして、『あまりにも多数の者』をおびきよせようとするのだ。まったく身の毛もよだつ手品が考案されたものだ。神々しい栄光を燦然ときらめかせ、鳴りひびかせて行く死の馬だ！」

「一本の剣」とは、軍隊であろう。「百の欲望」とは、国家に経済的欲望の満足を期待する人々に向けてのさまざまなお仕事の依頼であろう。「惜しげなく自己をささげる豊かな心情の持主」とは、お国のために戦場に散る覚悟の「立派な人格の」将校や特攻隊員である。そういう立派な心構えの持主を見抜いて抜擢してくれるのが国家だということだろう。ナショナリズムは、国民全員のためという仮面の下での、少数者による多数者への支配であるというからくりなのだ。そのことをニーチェが見抜いていた事実がホルクハイマーたちには重要だった。ニーチェの大好きだった、そしてアドルノやホルクハイマーも当然読んでいたスタンダールには、国家について同じような内容の文章がある。「相も変らず極右《ウルトラ》の連中は、貴族院議員や食膳侍従になりたがって狂奔することだろう。国家という大船の上では、みんなが争って操縦ばかりしたがっている——いい金になるからね。ところが並の船客にはいつまでたっても、ほんの窮屈な座席すら与えてくれないのだろうか[16]」

ニーチェの国家批判、ドイツ批判に戻ろう。

「他方でわれわれは、今日流行語である『ドイツ的』にふさわしいほどに『ドイツ的』でないので、ナショナリズムや『ドイツ的』に賛成するわけにはいかないし、ナショナルな心情のできものを掻きむしって気持ちよがったり、血液に毒を盛って楽しんだりできないのだ。現代のヨーロッパはこんなことをして民族と民族が相互に隔離しあい、閉じこもりあっているのだが。そんなことをするにはわれわれはあまりに軽やかで、あまりにひねており、またあまりに甘やかされている。そしてあまりに『広く旅をしていて見聞豊かだ』。われわれは、山奥に住み、世間と離れて暮らし、『反時代的に』過ごす方が好ましい。それも、過去の数世紀、来るべき数世紀に旅している。それも、どうもそうせざるをえなくされている静かなる憤怒にとらわれないように逃げるためだ。ドイツ精神を荒廃させる、ドイツ精神を空疎な誇りで満たす政治、しかもけちくさい政治の証人として憤怒にとらわれそうなのだ」「われわれ故郷なき者、われわれは人種からして歴史的由来からしてもあまりにも多様で、あまりにも混じり合っていて、『現代人』であり、それゆえに、嘘くさい自己礼賛に耽る人種論や今日のドイツでドイツ的心情の証などと言って吹聴されている猥褻な言動、しかも歴史的『感覚』を持ったこの民族にあっては、二重に嘘かつ不潔な言動に加わるわけにはいかないのだ。一言で言えば、そしてこれこそわれわれの勲章となる言葉なのだが、われわれは『良きヨーロッパ人』なのだ。数千年のヨーロッパ精神の熟しきって複雑に重なり合った、そしてあまりにも豊かなゆえの義務を負っている遺産継承者としての良きヨーロッパ人なのだ」(『喜ばしき知識』三七七番)

さらには、ユダヤ人についてのニーチェの文章も見ておこう。ニーチェのユダヤ人論のことを、ホルクハイマーは、「ユダヤ人というこのヨーロッパ文化のファクターについておよそドイツ人の筆になるもののなかで最も理解に富み、最もユダヤ人の名誉になる文章(17)」と形容する。特にニーチェはユダヤ人をヨーロッパの希望として論じる。

「交易と産業、書物と郵便のやりとり、いっさいの上層の文化の共通性、暮らす場所や地域の速やかな変更、土地を持たない人々の現行の遊牧民的生活、こうしたいっさいは、当然のことながら、個々の国民の、少なくともヨーロッパの国民全体の弱体化を、最終的にはその消滅をもたらす。それゆえ、たえざる混血の結果として混ざり合ったヨーロッパ的人間なる種族が生じざるをえない。この目標に目下のところ意識的にか無意識的にか対抗するものとして、個々の国民への閉じこもりが、国民ごとの敵対心を煽ることによって起きている。

とはいえ、長期的にはあの混血化が逆らいがたく、進むであろう。一時的に反対方向の流れがいかにあろうとも。ともかく、この反対方向の人為的ナショナリズムは、人為的カトリシズムがそうであったのと同じにきわめて危険なものである。なぜならこの、人為的ナショナリズムは、強引で暴力的な緊急の籠城状況であり、少数の支配者たちが大多数の人々の上に発令しているだけのものである。それゆえに威信を確保するためには謀略と虚偽と暴力が必要なのだ。口先ではいうが、個々の民族における大多数の者たちの利害ではなく、特定の名門家族や、商売や上流社会の特定の階層の利害がこのナショナリズムに人々を駆り立てているだけなのだ。このことをひとたび見抜いた人なら、たじろぐことなく自分は良きヨーロッパ人だと名乗り、さまざまな国民の融合のために働くがいい。その際にドイツ人は、諸民族のあいだを取り持ち、通訳する存在としてお手伝いさせてもらったらいい。

ついでに言っておくが、ユダヤ人の問題全体は、個々の国民国家のなかでのみ存在する問題である。なぜなら、国民国家のなかではどこでも、ユダヤ人の行動力とより高い知性が、そして、長い苦難の歴史のなかで世代から世代へと集積されてきた精神と意志の資本が大きな力となって、嫉妬と憎しみを引き起こすほどになっているからだ。それゆえに怪しげな小冊子が目下ほとんどの国民で増えているほどだ、しかも、個々の国民がユダヤ人を、いっさいの公的な、そして内政上の厄介な問題の生け贄の子羊にして処刑台にひきずっていけという態度をとる度合いに応じて、増大しているのだ。

だが、個々の国民の維持ではなく、できるだけしっかりしたヨーロッパ的な混合種族を生み出そうと思うならば、その成分としてユダヤ人は、それ以外の残りのどこかの国民と同じに有用であり、かつ望ましい存在となる。たしかにどの国民にも嫌な特質、それどころか危険な特質は存在するには違いない。その点でユダヤ人にだけ、そういう嫌なところのない例外的な存在であれ、と要求するのは酷である。それどころかそういった嫌で危険な特質は、ユダヤ人にあっては特に危険でぞっとするほどのものとなっているかもしれない。ひょっとしたら株式市場の若いユダヤ人のディーラーは、およそ人類が生み出した最も不快な産物かもしれない。にもかかわらず、ユダヤ人は、すべての民族のなかで、われわれの責任でもあるが、最大の苦難に満ち満ちた歴史を持っている。

そういう民族は、総体として見たときに大目に見てあげるべきではなかろうか、と言いたい。なにしろ、この民族のおかげでわれわれは、最も高貴な人間〔キリスト〕を、最も純粋な賢者〔スピノザ〕を、そして最も力強い本〔聖書〕を、そして世界中で最も影響力の強い道徳上の掟を持っているのだから。その上、アジアの黒雲がヨーロッパの上に重くのしかかっていた中世の暗黒時代に啓蒙の旗を、精神的独立の旗を最も厳しい個人的圧迫を受けながらも、掲げ続け、アジアからヨーロッパを守ったのは、ユダヤ人の自由思想家たちであり、学者や医者たちであった。世界についてのより自然で、より理性にかなった、いずれにせよ非・神話的な説明がようやくまた勝利をおさめたのには、そしてギリシア・ローマの古代の啓蒙とわれわれが再び文化の輪で結びつくことになったのには、彼らユダヤ人に負うところが少なからずあるのだ。西洋を東洋化〔ヨーロッパをアジア化〕するのにキリスト教がありとあらゆることをしたとするならば、逆に西洋をそのたびごとに西洋化するのに基本的に貢献したのがユダヤ精神なのだ。西洋を西洋化するということは、ヨーロッパの課題と歴史をギリシアのそれの継続とすることとある特定の意味では同じことである」(『人間的な、あまりに人間的な』四七五番)

ヨーロッパの諸民族の「弱体化」を嘆いているかに見える冒頭部は、いかにも通常のニーチェのイメージに合っているが、ここでの論理はまったく逆である。「弱体化」を歓迎しているのだ。そして、ナショナリズムは、少数者が多数者を支配するための嘘の

「人為的」体系であることが暴露され、それを越えるには、さまざまな民族が融合した新しい雑種の登場が望まれ、やがてそうしたことに最も貢献する存在としてのユダヤ人に「良きヨーロッパ人」としての希望がかけられている。さらにはユダヤ人の苦難の歴史には、「われわれの責任」があることも忘れてはならないと、ちらりとだが、しかし、明確に触れられている。さらにヨーロッパのいかなる民族にも生みだせない文化的成果をユダヤ人が生みだすのではないかという希望を述べた次のような文章もある。

「ユダヤ人によるヨーロッパの征服とか、なんらかの暴圧的なことなどは考えられない、ということはユダヤ人自身がよく知っていることなのだ。しかし同時に彼らがよくわかっていることがある。それは、やがていつの日か、ヨーロッパは熟しきった果実のようにユダヤ人の手に落ちるであろうということであり、彼らはただ軽く手を伸ばせばいいだろうということだ。そのために彼らは、ヨーロッパを際立たせているあらゆる分野で自分たちが際立ち、その第一人者の一人になることが必要な事態になってきた。やがて、なにが際立った分野であるかをユダヤ人たちが自ら決めるようになるだろう。そうなると彼らがヨーロッパ人にとっての創案者となり、道標となり、もはやヨーロッパ人の羞恥心を侮辱する存在ではなくなるだろう。そしてユダヤ人の歴史がどんなユダヤ人の家族にももたらしている大いなる経験の集積、このありとあらゆる種類の情熱と美徳の、決断と諦念の、闘争と勝利の充満したこの経験は、やがて、大いなる精神的人間と作品を生むべく流れ出さないとするなら、一体どこへ流れ出すというのか。こうしてユダヤ人が、経験の深さと時間がより乏しいヨーロッパのどの民族も生み出すことのできなかったほどの、あるいは今なおできないほどの、これほどの宝石と黄金の器《うつわ》を彼らの作品として見せるようになったら、そしてイスラエルの民が、その永遠の復讐を、ヨーロッパへの永遠の祝福へと変容させるなら、あの大昔のユダヤの神の第七の日（天地創造の七日目の安息の日）が、つまり、神が自己自身を、自己の創造物を、そしてその選ばれた民をことほぐ日が、そしてわれわれ皆が神とともに自分たちをことほぐ日がやってくるであろう」（『曙光』二〇五番）

さらにはユダヤ人の理屈好きを彼らの歴史の産物とし、これこそ真の民主主義と謳ったアフォリズムもあるので、これも見ておこう。プロテスタントの牧師の息子（ニーチェ自身がそうだった）は、自分たちの言うことを人が信じてくれるのに慣れている、と述べてから、ユダヤ人について次のように述べる。

「逆にユダヤ人は、彼らの仕事の交際範囲や民族の過去からして、人に信じてもらえることに最も慣れていない。その点に絞ってユダヤ人の学者を見てみるがいい。彼らは論理を重視する。つまり、根拠をあげて賛成をなんとかして得ることを大切にしている。かれらは、人種への嫌悪、階級への嫌悪で、人々が彼らの言うことを信じようとしないときでも論理を駆使して勝たねばならないことを知っているのだ。なぜなら、論理以上に民主的なものはないからだ。論理は当事者の世間での評判など関係ない、そして、曲がった鼻を真っ直ぐな鼻だなどと言いくるめようとはしない(ついでに言えば、論理化、頭脳の清潔さの上昇という点でヨーロッパはユダヤ人に少なからぬ恩恵をこうむっている。とくに、嘆かわしいほどに没理性的な人種であるドイツ人はそうである。ドイツ人は今日でもまずは『洗脳』しなければならないほどだ。ユダヤ人が影響力を持つようになったところではどこでも、さらにいっそう正確な区別をすること、さらにいっそう鋭い推論をすること、さらにいっそう明晰かつ清潔に書くことを彼らは教えてくれた。彼らの仕事は常に、ひとつの民族に『冷静な考察』の力を与えることだった)」(『喜ばしき知識』三四八番)

第四節　二重道徳への批判から啓蒙の弁証法へ

「良きヨーロッパ人」とは無縁なのが、ナショナルな妄想に耽るキリスト教徒のブルジョアジーの二重道徳である。その欺瞞性への批判は、アドルノの言うとおり、ニーチェの得意とするところだった。

「商売のことはわからないというのが上品らしい——自分の美徳を最高の値段で売りさばく、あるいはそれから高利を貪る、それも教員として、官僚として、芸術家として、得をする、こういうことをしているために天才や才能の持ち主がただの小商人《こあきんど》の領野のことになってしまう。自分の知恵を使ってあまり小賢しいことはしない方がいい」(『曙光』三〇八番)

ブルジョア上層部は、下層部の商人をどこかで低く見ているが、実は彼らの方が、商売がうまいことを、そしてそのことを知らんふりして、お上品な生活をしていることをニーチェは見抜いている。そして現実は、弱肉強食の世界であることを。「ニーチェはノーマルな世界にお前たちは本当はこの悪の仮面をつけたほうがいいと差し出したのだ。それは、ノーマルな基準に、自分たちがいかに倒錯しているかを知りたくないのを自覚させるためだった[18]」。

当時の社会状況は「金髪の野獣」にかなっていたともアドルノは指摘している(同)。そもそも第二次大戦後に出て一世を風靡したアドルノの『ミニマ・モラリア』は文体からしても、また活字として出てくる名前の頻度からしても圧倒的にニーチェ色に染まった、ニーチェによるマルクスの継続と克服の書である。例えば次のような文章がある。「『反キリスト者』でニーチェは、神学のみか形而上学を叩く最も強烈な議論を展開している。それは、希望と真理が混同されている、という議論であり、また、絶対者がいなければ幸福な生活はありえない、いや、絶対者なしにはそもそも生きていかれない、というのは、必ずしもこうした絶対者の思想の正当性を裏書するものではない、という議論である」(19)。

だが、こうした市民社会の欺瞞の問題群が宗教や神話にまでさかのぼって理性の複雑な歴史の結果として扱われているのが、『啓蒙の弁証法』(一九四七年)である。第二次大戦中、ホルクハイマーとアドルノは時代の閉塞状況に暗澹たる思いであった。母国ではナチス・ドイツの独裁が荒れ狂い、多くの知識人が希望をかけていたソ連ではスターリンの粛清がいっさいの自主性を不可能にしていた。さらには亡命先のアメリカでは、文化産業によるマインド・コントロールがほぼ完成していると、彼らには見えた。

西欧の理性はこの三つの例で明らかなように袋小路に入ってしまったのではないか。それ以上にギリシアにおける理性の誕生そのものが現在の暴力状況と管理社会をすでに内包していたのではないか、という疑念を止めることができなかった。そうした問題意識から書かれたのが、戦後西ドイツの知識人の「聖書」の一つとなった本書である。

本書では、マルクス、エンゲルスの名はアメリカの政治的社会的状況を考えてか、いくらも出てこない。それどころかカントやヘーゲルと並んで多く出てくる名前がニーチェだ。例えば、「ニーチェは、ヘーゲル以降で啓蒙の弁証法を見抜いた数少ない一人だった。彼は啓蒙と支配の二律背反的な関係を次のように言い表している」としてから、ニーチェの次の文章がほぼ全文引かれている。

「教会の前では、嘘を感じ取らねばならない。〔教会の教えは〕真理ではないということを感じるだけでは足りない。われわれは啓蒙を民衆のうちに広く行きわたらせて、司祭たちの誰もが、司祭になる時は〔本当は嘘を演じているのだという〕嫌な気持ちをもつようにしなければならない。おなじく国家についてもそうなるようにしなければならない。王侯や政治家たちの振る舞いが意図的な嘘に見えてくるようにすること、彼ら自身が自分たちの良心の疚《やま》しさを感じざるを得なくするのが、つまりは、ヨーロッパ的人間から無意識のタルチュフ的態度〔主人公の名をとったモリエールの戯曲のタイトル。偽善の代名詞〕を叩き出すのが、啓蒙の課題である[20]」。

少数者による支配という偽りの構造を、政治や国家に関して暴いた文章はすでに見たとおりである。数として多くないとはいえ、ニーチェの文章に散見する経済に関する暴露の文章も見た。財産を得るための教養の役割の指摘がそれだ。だが、一番難しいのが宗教だ。「宗教は民衆のアヘンだ」というマルクスのジャーナリスティックな表現だけで済まないことはニーチェもホルクハイマー、アドルノもよく知っていた。神々に奉仕する司祭たちも、実は嘘をついているのだ。信者に対してだけでなく、神々にも、もちろん自分にも。この問題をニーチェは論じる。

「多くの民族にあっては、神々への密かな反抗がある。それは、たしかに神々を拝みはするが、神々に対抗する最後の切り札は手元に置いておくという方式なのだ。例えばインド人やペルシャ人が、神々というのは、死すべき人間たちが捧げる生け贄に依存している、それゆえ神々を飢えさせたり、餓死させたりするのは人間様しだいだと考えたのがそうである。あるいは、メランコリックで剛直なスカンディナヴィア人たちが、いずれは神々の黄昏が起きるという考えで、神々に対する静かな復讐の楽しみを作って、普段は邪悪な神々を絶えず怖がらざるをえないことにお返しをしているのもそうだ」（『曙光』一三〇番）

通常は十八世紀以降の啓蒙主義が神話や宗教を祭壇から引きずり下ろしてきたと思われている。だが、『啓蒙の弁証法』の著者たちは、すでに神話そのものが、宗教の発生そのものが、神々を巧みに欺くという意味で、理性の始まりであったと説く。その上に、神話や宗教は、犠牲を捧げる儀礼という「殺人の合理化」ですらあったとする。

嵐を収めるために美女を海に投ずるのは、今から見たらなんの効き目もないことかもしれないが、当時としては自然の暴力の背後にいる神々を籠絡して、その力の行使を止めていただく策略であった、と著者たちは説く。殺された当人もやがて神に祭り上げられる。「人間の行う生け贄の行為はすべて、計画的になされるならば、その捧げる相手である神を瞞着するものである。それは、神よりも人間の目的を優先させ、神の力を消してしまう。神に対する瞞着はとりもなおさず不信心な神官が信心深い信者たちの前で執り行う儀式の瞞着性へと変貌する」「犠牲として捧げられた身代わりは当世風の非合理主義者たちの礼賛の的であるが、それは犠牲に捧げられた者を神として崇めること、つまり、選ばれた者を神格化することによって、神官が殺人を合理化するという欺瞞と切り離すことができない(21)」。神官や司祭は本当は信じていない、というモチーフもニーチェと共有されている。

自然をなんとかコントロールする意図という意味で、「神話はそれ自身啓蒙であり、優に哲学的啓蒙に匹敵しうる」。だが同時に、「啓蒙は神話を破壊するために、あらゆる素材を神話から受け取る。そして神話を裁くものでありながら神話の勢力圏内に落ち込んでいく(22)」。啓蒙自身が自己欺瞞であることを明らかにし、啓蒙することをひとつの目的とする本書では、「神話」という言葉は「暴力状況」という意味である。現代の暴力のうちには、かつて神話的世界で、生け贄によって神々をコントロールしようとした残酷な暴力が回帰しているというのだ。

神話における元々の暴力は、美女セイレーンたちの歌声に誘惑されないようにしながら海峡を突破するオデュッセウスの策略によく示されている。神話的な女神たちの誘惑に身を任せたら船は岸壁にぶつかり、沈んでしまう。死が待っているだけだ。オデュッセウスは帆柱に身を縛りつけ、舵を固定しながらセイレーンの声を聞く。どんなに彼女たちの方に行きたくとも縛られているので行かれない。他方で、船の下の方では、ロウで耳栓をされ歌声を聞こえないようにされた奴隷たちが懸命に櫓を漕いでいる。ここには生き延びるために、セイレーンという自然を支配する意志、自己自身の欲情を抑えつけ支配しようとする意志、そして奴隷に対する社会的支配の意志、この三位一体が、帆柱に身を縛るという理性による「策略」となって実現する。奴隷と違って美しい声を楽しむことはできる。しかし楽しみながらも、欲情は満たさないで、支配を続ける市民的な主体の原点がこのギリシアの神話の支配構造に潜んでいるのというのだ。

途上で、やはり縄を解け、と絶叫する(誰も聞いていないので、実現しない憧れでしかないが)オデュッセウスの声は、コンサート・ホールの拍手喝采と同じだ、とアドルノは書いている。

こうした神話から啓蒙まで変質しながらも、一貫して働く支配のあり方は、そこに同じく一貫しており、かつ啓蒙とともに増大してすらいるのに、そのことに多くの人が気づいていない残酷が存在している。こうした考え方は、ハーバーマスも言う通りニーチェの『道徳の系譜学』との「内容的相応関係はまずは驚くばかりである」。また、「そのひとつひとつがニーチェに対応関係を持っている」[23]。

すでにハイデガーの章で見た「抽象化による支配」という発想、真理への意志は力への意志であるという議論にしてもそうである。ハイデガーと異なるところは、それが内面への支配と外部への残酷と結合するところである。対応するとハーバーマスが見るニーチェの当該箇所は、道具的理性のためにできあがる内面世界における支配構造とそれへの喜びを暴露する。

「〔生き延びるための〕本能は、思考し、推論し、計算し、原因と結果を結びつけるだけの行為に縮小されてしまう。この不幸な者たちは。『意識』に、つまりは最も貧弱な、そして失敗した器官へと矮小化されてしまう」(『道徳の系譜学』第二論文第一六節)

アドルノは、こうした思考を受けて資本主義批判を展開する。完全に啓蒙された世界の中では、「計算不可能なものが切り取られ、思考の中で諸々の実質が解体されるだけでなく、人間は事実としての画一性へと強制される。市場では人々の誕生の素性を問わないという善行に対して、人間はそれぞれ誕生によって与えられている可能性を商品生産のために型にはめられるという形で支払っている[24]」。

だが、続くニーチェの文章は、それにともなう内面への支配を論じる。

「ところが、外部に向かって〔攻撃的に〕発散できないいっさいの本能は、内部へと向かう。これこそ私が人間の内面化と呼んでいるものだ。それとともにのちに『霊魂』と呼ばれることになるものが人間のうちでゆっくりと育ち始めた。当初は二枚の皮膚のあいだに張られたように薄かった内的世界の全体は、人間において外へのはけ口が塞き止められてしまうと、それだけいよいよ分化し拡大して、深さと広さを得てきた。国家組織は、昔ながらの自由の本能に抵抗して自分を守るために、恐ろしい堡塁をいくつも作ったが――とりわけ刑罰がこの堡塁のひとつだ――その結果、野性的で、自由な、放浪する人間のもっていた本能のことごとくに回れ右をさせ、それらが人間自身に歯向かうようになった。敵対行為、残虐行為、追究の快楽、襲撃の楽しみ、変化と破壊の快楽、これらがこうした本能の持ち主に向けられるようになる。ここにこそ『疚《やま》しい良心』のはじまりがあるのだ。外部に敵がいなくなり、抵抗のなくなった人間は、狭苦しく単調な慣習のうちに押し込められていると、耐えきれなくなり、自己自身を切り裂き、追い立て、自分に食いかじりつき、揺さぶり、かつ虐待した。自分の檻の格子に身を打ちつけて傷つけることでこの動物をなんとか『馴致《じゅんち》』しようというのだ。この不足に苦しみ、荒野への郷愁に憔悴した人間は、自分自身のうちから冒険を、拷問台を、心細く危険な荒野を作らねばならなかったのだ」(『道徳の系譜学』第二論文第一六節)

　これが理性であり、詳しく見れば、その倫理的な側面をなす良心というわけであろう。良心は残虐の産物なのだ。

「繰り返したずねさせてもらうが、苦しみが『罪』の補償となるのは、どのようにしてなのだろうか？　それは、〔他者をであれ、自分をであれ〕苦しませることが最高度の快感を与えてくれるからである。被害者は、自分が蒙った不利益、それに加えて、この不利益にともなう不快感と交換に通常ならざる快感を味わえるからである。苦しませることは、一個の真なる祝祭なのだ」「古代人にとって残虐行為がどれほどの大きな喜びであったかを、最大限の想像力で考えてみることそのものが、飼い馴らされた家畜(つまり、現代人としてのわれわれ)のデリカシーやタルチュフ的偽善には辛いことだろう、と私には思える。他方で、彼ら古代人の残虐への欲情がいかにナイーブかつ無邪気に表現されてきたことか、そして、気楽な悪意(あるいはスピノザの表現で言えば、悪意ある同情sympathia malevolens)がいかに人間の通常の特性とされてきたか、良心が『イ、エ、ス』と言える特性とされてきたかを想像してみるといい。今日でも繊細な視線には、人間のこの太古の奥深い祝祭の快楽が見えるはずだ」(『道徳の系譜学』第二論文第六節)

禁欲道徳もニーチェから見れば、そしてアドルノから見れば、自己鎮圧の快楽なのだ。「この自己へのひそやかな暴力、この手の込んだ残虐、なかなか抑えつけにくい苦悩する存在である自己に形式を与えること、この自己に意志を、批判を、反論を、軽蔑を、一個の『ノー』を焼きつける快楽、自分自身と進んで分裂している魂が快楽に耽溺して果たすこの仕事、つまり、自己を苦しませること、快楽に導かれて自己を苦しませること、この能動的な『罪の意識』こそが最終的には——もうお分かりだろうが——理想や想像力にあふれた出来事の本来の母胎として新たな美と肯定をもたらしたのだ」(『道徳の系譜学』第二論文第一八節)

詳しく触れる余地はないが、実はベンヤミンもこの『道徳の系譜学』の残虐の発想にヒントを得ているようだ。つまり、ホメロスの中では、人間界に繰り広げられる残酷な出来事は、オリンポスの「神々のための祝祭劇」だったというニーチェの発想に関連してのことである(『道徳の系譜学』第二論文第七節、他にも散見)。「複製技術の時代における芸術作品」(一九三六年)というベンヤミンの難解なエッセイの最後の文章はこうである。

「人類はかつてオリンポスの神々にとって見世物の対象であったが、この人類は今や自分がなんであるかを理解するようになった。その自己疎外は、ついには自己自身の抹殺を第一級の美的な楽しみとして体験させてくれるほどにまでなってしまった。ファシズムが行っている政治の美学化がこうしたものである。このファシズムに対して共産主義は、芸術の政治化を以って答えるのだ」[25]

かつての悲惨のより激しい再来という議論。その頂点はファシズムであるということした議論も、『啓蒙の弁証法』と同じ発想である。最後の文章は両義的だが、バタイユと同じく、共産主義に魅了されながらもファシズムと同じ次元で逆の反応をしているかぎり、希望はないと、理解したい。

こうしたニーチェ以来の思考の結末はアドルノの『否定弁証法』の終末部の次の言葉だろう。「深く罪過に満ちた、そしてほころびの多いこの文化の維持のために弁じる者は、野蛮の一味に与することになる。だが、また一方で、文化を拒む者は、野蛮を直接的に促進することになる——そして、文化は実はこうした野蛮であることが露呈されたのだ。この悪循環からは沈黙によってすら脱出することはできない[26]」。

だが、こうした文章が書かれてからすでに五十年。われわれは「理性が野蛮を宿しており、それゆえに野蛮に逆転する」といった、ヘーゲルとは逆向きではあるが、大げさな歴史哲学、まさに否定性の弁証法のもつ自己閉塞性、つまり理性の実体化の呪縛が解けた地点にきているのではなかろうか。『啓蒙の弁証法』の近代理解がハイデガーと同じくあまりに一元的であることはさておいて、ローティならずとも、もうすこし脱実体化された記述が『啓蒙の弁証法』について可能な時点に来ていると思わざるをえない。つまり、「理想や希望は実現してみると、予想もできなかった新しい厄介な問題に必ず直面する」というパラフレーズでいいのではないだろうか。

（1） *Zeitschrift für Sozialforschung*〔『社会研究』〕, Bd. 6., 1937, S. 414. なお、本章では、以下の先行研究を参考にした。一部の引用はこの論文に教えられた。Rath, Norbert, Zur Nietzsche-Rezeption Horkheimers und Adornos. In: *Vierzig Jahre Flaschenpost: Dialektik der Aufklärung 1947-1987*〔ラート・ノルベルト「ホルクハイマーとアドルノのニーチェ受容」『瓶入りの手紙の四十年――啓蒙の弁証法　一九四七―八七年』〕, Frankfurt, 1987, S. 73-110.

（2） Adorno, *Ästhetische Theorie*〔『美の理論』〕, Frankfurt, 1987, S. 418.

（3） Horkheimer, Max, *Gesammelte Schriften*〔『マックス・ホルクハイマー全集』〕, Bd. 12. Frankfurt, 1989, S. 568.

（4） Ebenda, S. 570.

（5） Ebenda, S. 566.

（6） Ebenda, S. 200.

(7) Ebenda, S. 189.
(8) 引用文は三島自身の訳。既訳はアドルノ『否定弁証法』(木田元他訳、作品社、一九九六年)三三ページ。
(9) 『啓蒙の弁証法』二六六ページ。
(10) Horkheimer, Max, Begriff der Bildung. In: Horkheimer, *Sozialphilosophische Studien*〔『社会哲学論集』〕, Frankfurt, 1972, S. 169.
(11) Ebenda, S. 168.
(12) ニーチェ遺稿、ドイツ語版『ニーチェ全集』第一巻七六八ページ。
(13) 引用文は三島自身の訳。既訳はベンヤミン『歴史の概念について』鹿島徹訳、未来社、二〇一五年。
(14) この原語の Deutschland, Deutschland über alles は、分裂していたドイツの状況に鑑みて、なによりもまずはドイツ統一を、そしてなによりもドイツを愛している、という意味と解されていた。また、一八七一年のドイツ統一後は、バイエルンやラインラントといった各自の郷土のすべてよりもドイツが優先するという意味であった。第一次世界大戦のときには、戦争に行く息子や兄や夫よりもドイツの方が重要だという意味で歌われた。ナチスの時代にはいって、ドイツが世界を支配すべきという意味に誤解され、この誤解にもとづいて日本でも「世界に冠たるドイツ」と訳されるようになったが、誤訳である。ニーチェは、古典的ヨーロッパ人として、郷土は重視するが、もっと重要なのはヨーロッパであった。国家としてのドイツ統一は馬鹿げたことであった。

(15) ドイツ語版『ニーチェ全集』第一一巻七七ページ。

(16) スタンダール『赤と黒』(桑原武夫・生島遼一訳、岩波文庫、全二冊、一九五八年)下巻一一ページ。

(17) 前掲『社会研究』第六巻四一〇ページ。

(18) アドルノ『ミニマ・モラリア』六〇番。Adorno, Theodor W., *Minima Moralia, Reflexion aus dem beschädigten Leben*, Frankfurt (Bibliothek Suhrkamp), 12. Aufl., 1994, S. 121. 引用文は三島自身の訳、以下同じ。既訳は、三光長治訳、法政大学出版局、一九七九年。

(19) 同前六一番。

(20) ドイツ語版『ニーチェ全集』第一一巻八六ページ。

(21) 引用文は三島自身の訳。既訳はホルクハイマー、アドルノ『啓蒙の弁証法』(徳永恂訳、岩波文庫、二〇〇七年)一一三―一一四ページ。

(22) 同前三六―三七ページ。

(23) ハーバーマス『近代の哲学的ディスクルスI』二一一ページ。

(24) 前掲『啓蒙の弁証法』三八ページ。

(25) Benjamin, Walter, Das Kunstwerk im Zeitalter seiner technischen Reproduzierbarkeit (Zweite Fassung). In: Benjamin, Walter, *Gesammelte Schriften*, 1977, S. 508. 引用文は三島自身の訳。既訳はベンヤミン「複製技術の時代における芸術作品」(野村修編訳『ボードレール(他五篇)』岩波文庫、一九九四年)一〇九―一一〇ページ。

(26) 引用文は三島自身の訳。既訳は前掲『否定弁証法』四四七ページ。

あとがき

「岩波現代文庫」の一冊としてニーチェの言葉を選んだ本の提案を編集部の林建朗氏からいただいたのは、このシリーズの発足準備の頃だから、十六年以上前の一九九九年のことである。発足を告げる新聞広告にも『ニーチェかく語りき』というタイトルが「近刊予定」として載っていたことを覚えている。予想もしない時間がかかってしまったのには、筆者の怠慢を別にすれば、次のような理由がある。

ニーチェの言葉を、「宗教」「教育」「文化」あるいは「国家」「友情」「恋愛」「自分」などといった項目に分けて整理した本は、相当数ある。初期のものとして、昭和十四年（一九三九年）に青木書店の「文化叢書」の一巻として出た『ニイチェ箴言集』（馬場久治訳）なるものがあるが、それぞれの引用の典拠も挙げられていない。ずっとくだって比較的最近の渡邊二郎編『ニーチェ・セレクション』（平凡社ライブラリー、二〇〇五年）は、それに比べれば格段に優れた責任ある仕事だが、主題別にくくっている点は変わらない。

最近では元気が出るための「超訳」によるニーチェ語録のようなものもある。「超訳」というのは、面白い考え方だが、コンテクストから抜き出した断定的文章を読んで元気が出ても、その程度の元気は、風邪による微熱と頭痛ぐらいで吹っ飛んでしまうのが関の山だ。あるいは、友人が抜擢されたのに、自分にはお声がかからないだけで落ち込んだ時に、これを読んで立ち直る人は、相当におめでたい。声がかからなかったのもわかろうというものである。そういえば、ドイツでも、『ビジネスエリートのためのニーチェ――勇気を出して成功へ』(*Nietzsche für Manager, Mit Mut zum Erfolg*, Frankfurt, 2008)などという怪しげな本も出ている。ニーチェのアフォリズムを、コンテクストを無視してテーマ別につまみ喰いしたものを作るのは簡単だが、少し気が進まなかった。ニーチェ自身も書いている。「最悪の読者は、兵隊による略奪行為のように、使えるものをいくつか取り出し、残りのものを汚し、ひっくり返し、そして全体を陵辱するのだ」(『人間的な、あまりに人間的な』第二部『さまざまな意見と箴言』一三七番)

そこで考えたのが、ニーチェを読み出した頃から興味を抱いている、彼の実に多様な読まれ方をニーチェの言葉で再現してみることであった。ニーチェほど時代ごとに、あるいは世代ごとに、そして人によって読まれ方の異なる存在もない。ナショナリズムによる強奪があったかと思うと、彼を重視する左翼の知識人もそれなりに多かった。ヨーロッパやアメリカではいわゆるレフト・ニーチェが優勢だが、右とか左とかいうそういった対立軸を問題視する読まれ方まで実に多様である。

具体的に名前をあげても、トーマス・マン、アンドレ・ジイド、バーナード・ショウ、アルベール・カミュと、ニーチェを重視した文学者でもそれぞれ読み方はまったく異なる。これに三島由紀夫や魯迅を並べてもいいかもしれない。ましてや哲学のハイデガーとアドルノ、マルクーゼとフーコーやデリダ、それにバタイユやローティとなると、水と油のような受容の実際である。ベンヤミンも『ドイツ悲劇の起源』や『パサージュ論』の中で独特のニーチェ読解を示唆している。彼らがニーチェを自分のメガネで見ているというのは確かだが、そのメガネの組み合わせレンズの少なくとも数枚は、ニーチェのテクストがなければ、作られなかったところがポイントだ。まえがきに引いたベンヤミンの文章の言うとおりテクストと受容が切り離しがたく、ひとつの宇宙となっている。

そこで、彼らが引いて解説しているニーチェの文章、あるいは、彼らが引いてはいなくても、彼らが気に入ったであろうアフォリズム、それらを彼らひとりひとりの名前と関連させて整理し、反逆児ニーチェのさまざまな顔あるいは仮面の、これまたさまざまな見せ方を浮かび上がらせてみてはどうかと考えた結果が本書である。舞踏家から哲学者、在野の物書きから小説家まで広げてみた。そのため、仕事を始めてからも三年以上かかってしまったのは、筆者の非力のせいである。

残念ながら、スペースの関係で本書では上に挙げた名前のうち七人ほどしか扱えなかったが、それでも、若干の説明を加えながらも『ニーチェかく語りき』の「かく」が、実はいくつもあることを多少なりとも示せたかと思う。また、「西欧思想」といった地域的限定に意味がなくなりつつある事態を踏まえて、三島由紀夫を入れてみた。いずれは、残りの受容も、中国の五・四運動の最中で読まれたニーチェ、明治期の朝鮮半島出身の日本への留学生などによるニーチェの読まれ方も含めて、扱ってみたいとは思っている。それぞれの受容の背景についての説明も入れたが、できるだけニーチェのテクストに触れていただきたいので、テクストの部分を多めにした。というより、その部分を丁寧に分析しながら読んでいただくことが主目的である。

それにしても、ニーチェがいかに反逆児であったとしても、彼の文章には、形而上学が崩壊しつつありながら、いまなお哲学青年が人生に煩悶した時代の文章の臭みが鼻をつくところがある。アドルノの『否定弁証法』の最後の文章ではないが、「崩壊の瞬間における形而上学(Metaphysik im Augenblick ihres Sturzes)」は、やはり形而上学である。その意味でニーチェの著作は、そしてニーチェと取り組んだ私などより一世代、場合によっては二世代前の思想家や文学者の文章は、形而上学との空疎な闘争の壮大な廃墟でもある。それは、芸術が形而上学的かつ宗教的な品格と尊厳を保っていた時代、社会的重要性と自己追求の苦悩と快楽が結びついていた時代でもある。あるいは、自己追求と世界の謎の追求とが、そして社会の全体的認識への欲望とが一体であった時代でもある。

たとえば、バタイユを扱った第四章に出てくる「神の死」の断章（一〇五ページ）などは、ヴァグナーの音楽と同じで、必要以上にドラマチックで耐え難いところがある。ヴァグナーの場合はそれでも、嫌悪感と陶酔感の絡み合いから陶酔に巻き込まれるところがある。しかし、「神の死」のような断章には、十九世紀の知的危機の、必要以上にドラマチックな自己演出が、今では無縁になりつつある迫力が充満している。本書を読んで、現代では、そうした言語からの訣別がためらいがちに進んでいること、ときどきは振り返りながら、それでも訣別が進んでいることを感じ取り、そしてそのことを新たな思想の言語の追求のきっかけにされる方がおられれば、著者・編者としてこれに勝る喜びはない。

本書の編集作業は、冒頭に触れた林建朗氏が「言い出しっぺ」として引き受けてくださった。氏とは、小著の岩波新書『ニーチェ』（一九八七年）以来、三十年にわたるおつき合いをしていただいた。この本が氏の岩波書店での最後のお仕事になるそうである。長年にわたるご懇情にお礼を申し上げたい。

なお、本書のテーマと絡む「西欧各国及び東アジアにおける受容から見たニーチェ——耽美主義とナショナリズム」で、二〇〇八年度から二〇一〇年度にわたって科学研究費を受けた。さらには、二〇一一年度には、同様のテーマで当時在職していた東京経済大学から個人研究助成費を受けた。これにもお礼を申し上げたい。

三島憲一

二〇一六年十月末

岩波現代文庫の発足に際して

新しい世紀が目前に迫っている。しかし二〇世紀は、戦争、貧困、差別と抑圧、民族間の憎悪等に対して本質的な解決策を見いだすことができなかったばかりか、文明の名による自然破壊は人類の存続を脅かすまでに拡大した。一方、第二次大戦後より半世紀余の間、ひたすら追い求めてきた物質的豊かさが必ずしも真の幸福に直結せず、むしろ社会のありかたを歪め、人間精神の荒廃をもたらすという逆説を、われわれは人類史上はじめて痛切に体験した。

それゆえ先人たちが第二次世界大戦後の諸問題といかに取り組み、思考し、解決を模索したかの軌跡を読みとくことは、今日の緊急の課題であるにとどまらず、将来にわたって必須の知的営為となるはずである。幸いわれわれの前には、この時代の様ざまな葛藤から生まれた、人文、社会、自然諸科学をはじめ、文学作品、ヒューマン・ドキュメントにいたる広範な分野のすぐれた成果の蓄積が存在する。

岩波現代文庫は、これらの学問的、文芸的な達成を、日本人の思索に切実な影響を与えた諸外国の著作とともに、厳選して収録し、次代に手渡していこうという目的をもって発刊される。いまや、次々に生起する大小の悲喜劇に対してわれわれは傍観者であることは許されない。一人ひとりが生活と思想を再構築すべき時である。

岩波現代文庫は、戦後日本人の知的自叙伝ともいうべき書物群であり、現状に甘んずることなく困難な事態に正対して、持続的に思考し、未来を拓こうとする同時代人の糧となるであろう。

(二〇〇〇年一月)

ニーチェかく語りき

2016年12月16日　第1刷発行

著　者　三島憲一《みしまけんいち》

発行者　岡本　厚

発行所　株式会社　岩波書店
〒101-8002 東京都千代田区一ツ橋2-5-5

案内 03-5210-4000　営業部 03-5210-4111
現代文庫編集部 03-5210-4136
http://www.iwanami.co.jp/

印刷・精興社　製本・中永製本

ISBN 978-4-00-600355-5　　Printed in Japan

ニーチェ年譜

1844 10月15日，プロイセンのザクセン州リュッツェン郊外のレッケン村で牧師の長男として誕生.
1849 7月30日，父カール・ルートヴィヒ死亡.
1850 ナウムブルクに越す．小学校に入学.
1858 寄宿制のギムナジウム，シュールプフォルタに入学．同級生には後のインド学の泰斗パウル・ドイッセン.
1861 『トリスタンとイゾルデ』のピアノ抜粋曲が出て，ヴァグナーを知る．この頃からシェイクスピア，ゲーテ，ヘルダーリンなどを愛読.
1864 シュールプフォルタを卒業．卒業論文は「メガラのテオグニスについて」．10月ボン大学に入学．専攻は神学と古典文献学．学生同盟「フランコニア」に加盟．生活が荒れる．この頃に隣町のケルンで梅毒にかかったとの説がある.
1865 10月ライプチヒ大学に移る．古典文献学に専念．ショーペンハウアー哲学を知り，耽読．オペラや演劇に親しみ，大いに議論好きの学生であった.
1867 大学の懸賞論文「ディオゲネス・ラエルティオスの典拠について」に応募して受賞.
1868 11月ブロックハウス家でヴァグナーと知りあう.
1869 2月，リッチュル教授の推挙で，スイスのバーゼル大学の古典文献学の員外教授に決定．3月，ライプチヒ大学より無試験で学位を授与される．4月19日バーゼル到着．5月17日，ルツェルン近郊のトリプシェンのヴィラにヴァグナー夫妻を訪れる．これ以降72年4月まで親しく交際．歴史家ヤーコプ・ブルクハルトとの親交はじまる.
1870 4月正教授に昇任．普仏戦争勃発に伴い，8月8日兵役志願のための休暇願い．認められ，看護兵として勤務．病いをえて

10 月除隊.
1871 2 月，病気のため休暇.『悲劇の誕生』執筆.
1872 1 月『悲劇の誕生』出版. ヴァグナー夫妻は感激. 4 月ヴァグナー家バイロイトに移る. 5 月 22 日バイロイトの祝祭劇場起工式に列席.
1873 この頃から激しい偏頭痛にしきりに襲われる.『反時代的考察』第 1 論文『信仰告白者にして著述家ダーフィット・フリードリヒ・シュトラウス』出版. 遺稿「道徳外の意味における真理と虚偽について」がこの頃書かれる. 4 月 6 日から 12 日まで，また 10 月 30 日から 11 月 2 日までバイロイトに滞在. 後者はヴァグナー協会代議員総会に出席のため. この時期にフランス・モラリストを愛読.
1874 『反時代的考察』第 2 論文『生に対する歴史の利害』および第 3 論文『教育者としてのショーペンハウアー』出版. 8 月 4 日から 15 日までバイロイトに滞在.
1875 眼と耳の調子がよくない.『われら文献学者』の草稿を執筆. 8 月初めオーファーベックやローデとともに『ニーベルングの指輪』のオーケストラ試演を聞くためにバイロイトに滞在. 後にニーチェの忠実な弟子になるペーター・ガストがバーゼル大学に来て，彼の講義を聴講.
1876 1 月病気のため付属ギムナジウムでの授業兼任を免除される. 2 月講義も中止. 4 月ジュネーヴに遊び，ヴォルテールの旧居を訪問. マチルデ・トランペダッハに求婚，拒絶される. 7 月『反時代的考察』第 4 論文『バイロイトにおけるリヒャルト・ヴァグナー』出版. 7 月末から 8 月にかけて祝祭劇の開会のためバイロイト滞在. ヴァグナーへの失望と批判が頂点に達する. バイエルンの温泉宿に逃避.『人間的な』の最初の草稿を執筆. 10 月病気のため大学を休職. ヴァグナーとの最後の出会い.
1877 春バーゼルに戻る. 健康状態は回復せず.
1878 1 月ヴァグナーの『パルジファル』届く. 5 月『人間的な，あまりに人間的な』出版. ヴァグナー夫妻と完全に決裂.
1879 『さまざまな意見と箴言』(『人間的な』第 2 部上巻)出版. 6 月

病状悪化のためバーゼル大学を退職．年金生活に入る．6月末初めてエンガーディン地方を訪れ，気に入る．「我が生涯の最も暗い冬」をナウムブルクで過ごす．

1880 『漂泊者とその影』(『人間的』第2部下巻)出版．3月より6月までガストとともにヴェニスに滞在．この町への愛着始まる．シュティフター，メリメ，スタンダールなどを読む．11月以降ジェノヴァでの初めての冬．

1881 6月『曙光』出版．夏エンガーディンのシルス・マリア村に滞在．以後82年を除いて最後まで夏はシルス・マリア．8月〈永遠回帰〉の思想が閃く．冬はジェノヴァにて過ごす．ビゼーの『カルメン』に感激．

1882 3月シシリー島のメッシーナへ．4月ルー・ザロメを知る．求婚するが断られる．『喜ばしき知識』出版．夏をルー，パウル・レーと3人でチューリンゲンの村で過ごす．妹エリーザベトおよび母との不和．冬をジェノヴァ近郊のラッパロで過ごす．

1883 2月『ツァラトゥストラはこう言った』第1部完成．6月出版．2月13日ヴァグナー死去．夏シルス・マリアで『ツァラトゥストラ』第2部完成．9月出版．この年以後冬はニースで過ごす．

1884 1月『ツァラトゥストラ』第3部完成．4月出版．夏の始まりまでヴェニスで過ごす．

1885 2月『ツァラトゥストラ』第4部完成．わずか45部の自費出版．夏までヴェニスに滞在．5月妹が反ユダヤ主義者のベルンハルト・フェルスターと結婚，翌年夫と南米のパラグアイに移住．反ユダヤ主義への嫌悪感をしきりに手紙に記す．

1886 春から夏にかけてヴェニス，ミュンヘン，ナウムブルクを転々．8月『善悪の彼岸』自費出版．

1887 この頃仏訳でドストエフスキーを読む．5月ルーからゲッティンゲン大学の学者アンドレアスと結婚するとの通知．11月『道徳の系譜学』自費出版．

1888 4月ブランデスがコペンハーゲンでニーチェについて特別講義．『ヴァグナーの場合』『偶像の黄昏』『反キリスト者』『この人を

見よ』『ニーチェ対ヴァグナー』立て続けに完成．このうち最後の3点は発狂後別人の手で出版．春から夏にかけて初めてトリノに滞在．気に入る．夏をいつものとおりシルス・マリアで過ごした後9月下旬からずっとトリノで過ごす．ストリンドベルクと文通．

1889　1月3日トリノのカルロ・アルベルト広場で昏倒．発狂．友人オーファーベックが迎えに来て，バーゼルに連れ帰る．下旬には母に連れられてイエナへ．大学病院精神科に入院．

1897　母，死去．夫が破産し，自殺した結果ドイツに帰っていた妹とともにヴァイマールに移る．

1900　8月25日ヴァイマールにて死去．故郷レッケンの教会墓地に葬られる．

参考文献一覧

1. 文献は登場順．一部を除いてサブタイトルを省略した．
2. 本書中の『ツァラトゥストラ』以外のニーチェの著作，本文・注で既訳書を特記していないドイツ語文献は全て著者(三島)による訳である．これとは別に，以下には既訳書のデータ(訳者名，書名，出版社，刊行年)を記載した．
3. ドイツ語版の『ニーチェ全集』『ハイデガー全集』『フーコー全集』の原タイトルは以下の通りである．本書における引用は以下による．

   Nietzsche, Friedrich Wilhelm, *Kritische Studienausgabe*, herausgegeben von Ciorgio Colli und Mazzino Montinari, 15 Bde., Berlin, 1980(普及版，通常 KSA と略される)

   Heidegger, Martin, *Gesamtausgabe*, angelegt auf 102 Bde., Frankfurt, seit 1975

   Foucault, Michel, *Dits et Ecrits*, Schriften, 4 Bde., Frankfurt, 2001 bis 2005
4. 既訳書が複数ある文献は岩波文庫など比較的入手しやすいものを選んだ．

まえがき

Benjamin, Walter, Literaturgeschichte und Literaturwissenschaft. In:Benjamin, Walter, *Gesammelte Schriften*, Bd. 3., Frankfurt, 1972(ベンヤミン　ドイツ語版『ベンヤミン全集』第 3 巻)

第 1 章　イサドラ・ダンカンのニーチェ

シェルドン・チェニー編『イサドラ・ダンカン　芸術と回想』(小倉重夫訳編，冨山房，1977 年)

クルツィア・フェラーリ『美の女神イサドラ・ダンカン』(小瀬村幸子訳，音楽之友社，1988 年)

ニーチェ『悲劇の誕生』(秋山英夫訳，岩波文庫，1966年，改版2010年)
ニーチェ『ツァラトゥストラはこう言った』(氷上英廣訳，岩波文庫，全2冊，1967・70年)
ベンヤミン『パサージュ論』(今村仁司・三島憲一他訳，岩波現代文庫，全5巻，2003年)
和辻哲郎『ニイチェ研究』(内田老鶴圃，1913年．『和辻哲郎全集』第1巻，岩波書店，1989年)
Löwith, Karl, *Mein Leben in Deutschland vor und nach 1933*, Stuttgart, 1986(レーヴィット『ナチズムと私の生活 ── 仙台からの告発』秋間実訳，法政大学出版局，1990年)
ニーチェ『喜ばしき知識』(『ニーチェ全集』第8巻『悦ばしき知識』信太正三訳，ちくま学芸文庫，1993年)
ニーチェ『反時代的考察』(『ニーチェ全集』第4巻，小倉志祥訳，ちくま学芸文庫，1993年)
ニーチェ「われら文献学者」(『ニーチェ全集』第3巻『哲学者の書』渡辺二郎訳，ちくま学芸文庫，1994年)
ニーチェ「ミストラルに寄せて ── 舞踏の歌」(前出『悦ばしき知識』付録「プリンツ・フォーゲルフライの歌」所収)
ニーチェ『ヴァグナーの場合』(『ニーチェ全集』第14巻『偶像の黄昏・反キリスト者』所収，原佑訳，ちくま学芸文庫，1994年)
ホイットマン『草の葉』(杉木喬・鍋島能弘・酒本雅之訳，岩波文庫，全3冊，1998年)
ドゥルーズ『ニーチェと哲学』(足立和浩訳，国文社，1974年．江川隆男訳，河出文庫，2008年)

第2章　ハイデガーのニーチェ

Heidegger, Martin, *Nietzsche*, 2 Bde., Pfullingen, 1961（ハイデガー『ニーチェ』細谷貞雄監訳，平凡社ライブラリー，全2冊，1997年）

三島憲一『ニーチェ以後』（岩波書店，2011年）

Misch, Georg, *Lebensphilosophie und Phänomenologie*〔『生の哲学と現象学』〕, Leipzig und Berlin, 1931

Picht, Georg, Gewitterlandschaft, Erinnerungen an Martin Heidegger. In: *Merkur*, Oktober 1977〔「嵐の風景 —— マルティン・ハイデガーの思い出」，『メルクーア』1977年10月号〕

三島憲一『ベンヤミン』（講談社学術文庫，2010年）

キルケゴール『反復』（桝田啓三郎訳，岩波文庫，1983年）

ニーチェ『悲劇の誕生』（前出）

ヴィンケルマン『古代美術史』（中山典夫訳，中央公論美術出版，2001年）

ニーチェ遺稿，ドイツ語版『ニーチェ全集』第7巻

ニーチェ『反時代的考察』（前出）

ハイデガー『存在と時間』（熊野純彦訳，岩波文庫，全4冊，2013年）

ヘーゲル『エンツィクロペディ』（第1部：松村一人訳『小論理学』岩波文庫，全2冊，1951-52年，改版1978年．第2部：長谷川宏訳『自然哲学』作品社，2005年．第3部：船山信一訳『精神哲学』岩波文庫，全2冊，1965年）

Gadamer, H.-G., *Wahrheit und Methode*, 2. Aufl., Tübingen, 1966（轡田收・三島憲一他訳『真理と方法 —— 哲学的解釈学の要綱　1』法政大学出版局，1986年）

Sauerland, K., *Diltheys Erlebnisbegriff, Entstehung, Glanzheit und Verkümmerung eines literaturhistorischen Begriffs*〔『デ

ィルタイの体験概念 —— 文学研究上のある概念の成立と栄光と劣化』], Berlin, 1972
ニーチェ『ツァラトゥストラはこう言った』(前出)
ニーチェ『曙光』(『ニーチェ全集』第7巻，茅野良男訳，ちくま学芸文庫，1993年)
夏目漱石『行人』(岩波文庫，1990年)
杉田弘子『漱石の『猫』とニーチェ』(白水社，2010年)
Löwith, Karl, *Von Hegel zu Nietzsche*, Hamburg, 1995(レーヴィット『ヘーゲルからニーチェへ』三島憲一訳，岩波文庫，全2冊，2015・16年)
ニーチェ「道徳外の意味における真理と虚偽について」(前出『哲学者の書』所収)
ニーチェ『善悪の彼岸』(木場深定訳，岩波文庫，1970年，改版2010年)
ニーチェ『道徳の系譜』(木場深定訳，岩波文庫，1940年，改版1964・2010年)
ニーチェ遺稿，ドイツ語版『ニーチェ全集』第11-13巻
Heidegger, Martin, Wer ist Nietzsches Zarathustra?, *Gesamtausgabe*, Bd. 7.(「ニーチェのツァラトゥストラとは誰か」，ドイツ語版『ハイデガー全集』第7巻所収)
ニーチェ『偶像の黄昏』(前出『ニーチェ全集』第14巻『偶像の黄昏・反キリスト者』)
Heidegger, Martin, Einleitung zu: ›Was ist Metaphysik?‹ In: Heidegger, Marin, *Wegmarken*, Zweite〔ハイデガー教授就任講演「『形而上学とは何か』への序言」，『道標』第2版所収〕, erweiterte und durchgesehene Auflage, Frankfurt, 1978
ニーチェ『喜ばしき知識』(前出)
ハイデガーの1945年9月1日付けのシュターデルマンへの手紙

(ドイツ語版『ハイデガー全集』第16巻所収)

第3章　フーコーのニーチェ

Foucault, Michel, Paolo Caruso, Gespräch mit Michel Foucault. In: *Von der Subversion des Wissens*〔フーコー，カルーゾー「フーコーとの対話」，『知の造反』所収〕, Frankfurt, 1987
フーコー「対談『道徳の回帰』」(ドイツ語版『フーコー全集――発言集・論集』第4巻)
フーコー「リオ講演『真理と司法の諸形態』」(同第2巻)
Eribon, Didier, *Michel Foucault*, Paris (Flammarion), 1991, Kap. 2, La voix de Hegel (ディディエ・エリボン『ミシェル・フーコー伝』第2章「ヘーゲルの声」田村俶訳，新潮社，1991年)
フーコー「対談『構造主義とポスト構造主義』」(ドイツ語版『フーコー全集』第4巻)
フーコー『狂気の歴史』(田村俶訳，新潮社，1975年)
フーコー『臨床医学の誕生』(神谷美恵子訳，みすず書房，2011年)
Faucault, Michel, Die Ordnung der Dinge, Frankfurt, 1974 (『言葉と物』渡辺一民・佐々木明訳，新潮社，1974年)
トーマス・クーン『科学革命の構造』(中山茂訳，みすず書房，1971年)
Hinrich Fink-Eitel, *Michel Foucault*, Hamburg, 1989
フーコー「ニーチェ，系譜学，歴史」(伊藤晃訳，小林康夫・石田英敬・松浦寿輝編『フーコー・コレクション3　言説・表象』所収，ちくま学芸文庫，2006年)
ニーチェ『喜ばしき知識』(前出)
ニーチェ『曙光』(前出)
ケネス・J・ガーゲン『あなたへの社会構成主義』(東村知子訳，

ナカニシヤ出版，2004年）
ニーチェ「教育者としてのショーペンハウアー」（前出『反時代的考察』所収）
ニーチェ『この人を見よ』（手塚富雄訳，岩波文庫，1969年，改版2010年）
ニーチェ『漂泊者とその影』（『ニーチェ全集』第6巻『人間的，あまりに人間的II』所収，中島義生訳，ちくま学芸文庫，1994年）
Klages, Ludwig, *Die psychologischen Errungenschaften Nietzsches*〔クラーゲス『ニーチェの心理学的業績』第5章〕, Leipzig, 1926. Kap. 5
ニーチェ『道徳の系譜』（前出）
ハーバーマス『近代の哲学的ディスクルス』（三島憲一・轡田収・木前利秋・大貫敦子訳，岩波書店，全2冊，1990年）
Foucault, Michel, *Überwachen und Strafen, Die Geburt des Gefängnisses*, Frankfurt, 1976（田村俶訳『監獄の誕生』新潮社，1977年）
ニーチェ「ニーチェ対ヴァグナー」（前出『偶像の黄昏・反キリスト者』所収）
ニーチェ『善悪の彼岸』（前出）
ニーチェ『偶像の黄昏』（前出）
フーコー『性の歴史』（渡辺守章・田村俶訳，新潮社，全3冊，1986–87年）
フーコー「侵犯序説」（ドイツ語版『フーコー全集』第1巻）
マルクス『資本論』（向坂逸郎訳，岩波文庫，全9冊，1969–70年）

第4章　ジョルジュ・バタイユのニーチェ

バタイユ『ニーチェについて ── 好運への意志　無神学大全』(酒井健訳，現代思潮社，1992・96年)
ホルクハイマー，アドルノ『啓蒙の弁証法』(徳永恂訳，岩波文庫，2007年)
バタイユ『内的体験 ── 無神学大全』(出口裕弘訳，現代思潮社，1970・78年．平凡社ライブラリー，1998年)
バタイユ『有罪者 ── 無神学大全』(出口裕弘訳，現代思潮社，1967・75年)
ベンヤミン『パサージュ論』(前出)
ハーバーマス『近代の哲学的ディスクルス』(前出)
バタイユ『エロティシズム』(渋澤龍彦訳，二見書房，1973年)
バタイユ『言葉とエロス』(山本功・古屋健三訳，二見書房，1971年)
バタイユ『ニーチェ覚書』(酒井健訳，ちくま学芸文庫，2012年)
ニーチェ『善悪の彼岸』(前出)
ニーチェ『ツァラトゥストラはこう言った』(前出)
ニーチェ『喜ばしき知識』(前出)
ニーチェ遺稿，ドイツ語版『ニーチェ全集』第13巻
ニーチェ『道徳の系譜』(前出)
タルモ・クンナス『笑うニーチェ』(杉田弘子訳，白水社，1986年)
ホッブズ『市民論』(本田裕志訳，京都大学学術出版会，2008年)

第5章　三島由紀夫のニーチェ

ニーチェ『ツァラトゥストラはこう言った』(前出)
三島由紀夫・手塚富雄「対談　ニーチェと現代」，『世界の名著』第46巻『ニーチェ』付録月報，中央公論社，1966年

Schneider, Anatol, *Nietzscheanismus, Zur Geschichte eines Begriffs*〔『ニーチェアニスムス ── ある概念の歴史』〕, Würzburg, 1997
『決定版三島由紀夫全集』(新潮社，全 42 巻，補巻・別巻各 1，2000-06 年)
三島由紀夫「中世に於ける一殺人常習者の遺せる哲学的日記の抜萃」(決定版全集第 16 巻)
ニーチェ『喜ばしき知識』(前出)
三島由紀夫『午後の曳航』(新潮文庫，1968 年，改版 2013 年)
三島由紀夫『潮騒』(新潮文庫，1955 年，改版 2005 年)
ニーチェ『悲劇の誕生』(前出)
三島由紀夫『仮面の告白』(新潮文庫，1950 年，改版 2003 年)
三島由紀夫『アポロの杯』(新潮文庫，1982 年)
三島由紀夫『近代能楽集』(新潮文庫，1968 年，改版 2004 年)
三島由紀夫「朱雀家の滅亡」(『サド侯爵夫人』所収，河出文庫，2005 年)
三島由紀夫『真夏の死』(新潮文庫，1970 年)
三島由紀夫『鏡子の家』(新潮文庫，1964 年)
ニーチェ『善悪の彼岸』(前出)
ニーチェ『曙光』(前出)
ニーチェ『道徳の系譜学』(前出)
筒井康隆『ダンヌンツィオに夢中』(中公文庫，1996 年)
ニーチェ『人間的な，あまりに人間的な』第 1 部(『ニーチェ全集』第 5・6 巻『人間的，あまりに人間的Ⅰ・Ⅱ』池尾健一・中島義生訳，ちくま学芸文庫，1994 年)
森鷗外「仮面」(『鷗外近代小説集』第 3 巻所収，岩波書店，2013 年)
マルクス『共産党宣言』(大内兵衛・向坂逸郎訳，岩波文庫，1971 年)
ニーチェ『反時代的考察』(前出)

三島由紀夫「日本への信条」(決定版全集第 34 巻)
三島由紀夫『獣の戯れ』(新潮文庫，1966 年，改版 2015 年)
三島由紀夫『愛の渇き』(角川文庫，1951 年，改版 1969 年)
三島由紀夫『豊饒の海』(第 1 巻：『春の雪』新潮文庫，改版 2002 年．第 2 巻：『奔馬』新潮文庫，改版 2002 年．第 3 巻：『暁の寺』新潮文庫，改版 2002 年．第 4 巻『天人五衰』新潮文庫，改版 2003 年)
ニーチェ『この人を見よ』(前出)
三島由紀夫「魔」(決定版全集第 31 巻)
宮崎正弘『三島由紀夫はいかにして日本回帰したのか』(清流出版，2000 年)

第 6 章　リチャード・ローティのニーチェ

リチャード・ローティ『偶然性・アイロニー・連帯 —— リベラル・ユートピアの可能性』(齊藤純一・山岡龍一・大川正彦訳，岩波書店，2000 年)
ローティ『文化政治としての哲学』(冨田恭彦・戸田剛文訳，岩波書店，2011 年)
ハーバーマス『近代の哲学的ディスクルス』(前出)
ジョルジュ・ルカーチ「理性の破壊」，『ルカーチ著作集』第 12・13 巻所収，暉峻凌三・飯島宗享・生松敬三訳，白水社，1969 年．
ヴィクトル・ファリアス『ハイデガーとナチズム』(山本尤訳，名古屋大学出版会，1990 年
ニーチェ『人間的，あまりに人間的 I』(前出)
ニーチェ『曙光』(前出)
ニーチェ「道徳外の意味における真理と虚偽について」(前出)
ニーチェ『喜ばしき知識』(前出)

ニーチェ「教育者としてのショーペンハウアー」(前出)
ニーチェ『偶像の黄昏』(前出)
ニーチェ『漂泊者とその影』(前出『人間的，あまりに人間的Ⅱ』所収)
ローティ『アメリカ　未完のプロジェクト』(小澤照彦訳，晃洋書房，2000年)
ボールドウィン『次は火だ』(黒川欣映訳，弘文堂新社，1968年)
ニーチェ遺稿，ドイツ語版『ニーチェ全集』第12巻
ニーチェ『善悪の彼岸』(前出)
ニーチェ『この人を見よ』(前出)

第7章　フランクフルト学派のニーチェ

ニーチェ『曙光』(前出)
Horkheimer, Max, *Zeitschrift für Sozialforschung*, Bd. 6.〔マックス・ホルクハイマー『社会研究』第6巻〕, München, 1937
Rath, Norbert, Zur Nietzsche-Rezeption Horkheimers und Adornos. In: *Vierzig Jahre Flaschenpost: Dialektik der Aufklärung 1947–1987*〔ラート・ノルベルト「ホルクハイマーとアドルノのニーチェ受容」,『瓶入りの手紙の四十年 ── 啓蒙の弁証法 1947–87年〕, Frankfurt, 1987
Adorno, *Ästhetische Theorie*〔『美の理論』〕, Frankfurt, 1970
Horkheimer, Max, *Gesammelte Schriften*〔『マックス・ホルクハイマー全集』〕, Frankfurt, 1989
ニーチェ『道徳の系譜』(前出)
ブハーリン，プレオブラジェンスキー『共産主義のABC』(足利和夫訳，共和社，1946年)
アドルノ『否定弁証法』(木田元他訳，作品社，1996年)
Benjamin an Scholem am 17.4.1931. In: Benjamin, Walter, *Gesa-*

mmelte Briefe〔ベンヤミンの 1931 年 4 月 17 日付けのショーレム宛書簡，『ヴァルター・ベンヤミン書簡集』所収〕, hrsg. vom Theodor-W-Adorno-Archiv 6 Bde., Frankfurt, 1995-2000
ニーチェ『人間的，あまりに人間的』(前出)
『反時代的考察』(前出)
ホルクハイマー，アドルノ『啓蒙の弁証法』(前出)
Horkheimer, Max, Begriff der Bidldung. In: Horkheimer, *Sozialphilosophische Studien*〔ホルクハイマー「教養の概念」，『社会哲学論集』所収〕, Frankfurt, 1972
ニーチェ「われわれの教養施設の将来について」(前出『哲学者の書』所収)
ニーチェ遺稿「われら文献学者」(前出『哲学者の書』所収)
ニーチェ遺稿「五つの序説」(ドイツ語版『ニーチェ全集』第 1 巻)
ベンヤミン『歴史の概念について』(鹿島徹訳，未来社，2015 年)
ニーチェ遺稿，ドイツ語版『ニーチェ全集』第 11 巻
ニーチェ『この人を見よ』「ヴァグナーの場合」(前出)
ニーチェ『ツァラトゥストラはこう言った』(前出)
スタンダール『赤と黒』(桑原武夫・生島遼一訳，岩波文庫，全 2 冊，1958 年)
ニーチェ『喜ばしき知識』(前出)
ニーチェ『曙光』(前出)
アドルノ『ミニマ・モラリア』(三光長治訳，法政大学出版局，1979 年)
ニーチェ『反キリスト者』(前出)
ハーバーマス『近代の哲学的ディスクルス』(前出)
ベンヤミン「複製技術の時代における芸術作品」(野村修編訳『ボードレール　他五篇』岩波文庫，1994 年)

本書は岩波現代文庫のために書き下ろされたオリジナル版である。